Martin Kämpchen
Zusammen sind wir stark!

Zusammen sind wir stark!

Ramu und Tara wachsen im Himalaya auf

Eine Erzählung für Kinder und Erwachsene
von Martin Kämpchen

mit Illustrationen von Sanyasi Lohar

Verlag
23

Bibliografische Information der Deutschen Nationalbibliothek:
Die Deutsche Nationalbibliothek verzeichnet diese Publikation in der
Deutschen Nationalbibliografie; detaillierte bibliografische Daten sind
im Internet über dnb.dnb.de abrufbar.

Kämpchen, Martin
Zusammen sind wir stark! Ramu und Tara wachsen im Himalaya auf

Einbandgestaltung © 2021 Verlag 23, basierend auf einer Fotografie der
Umgebung von Merangdi von Martin Kämpchen.

Herstellung: BoD – Books on Demand, Norderstedt.

ISBN: 978-3-949565-4-89

Vorbemerkung des Verlegers

Die hier erzählten Geschichten um die Kinder Ramu und Tara sind Fiktion. Der Ort des Geschehens aber, das nepalesische Dorf Merangdi, ist real. Die Menschen dort und ihr Leben haben den Autor zu dieser Geschichte inspiriert und einige von ihnen finden sich auch als Figuren in der Erzählung wieder. Diese Beziehung von Realität und Fiktion versuchen wir bildlich zu unterstützen: Zeichnungen des Künstlers Sanyasi Lohar, an der Erzählung orientiert, wechseln sich ab mit realistischen Bildern von den Menschen, dem Ort und seiner Umgebung. Letztere basieren auf Fotografien des Autors von seinem Besuch in Merangdi im Jahr 2014 und anderen Nepal-Reisen.[1] Sie wurden vom Verlag computergraphisch bearbeitet, um sie in Einklang mit der schlichten schwarz-weiß Ästhetik des Buchs zu bringen.

Darüber hinaus wurden für die Gestaltung dieses Buches noch unter Wikimedia Commons verfügbare Mediendateien verwendet: zur Gestaltung der inneren Titelseite[2] sowie für die umseitig abgedruckte Karte des Distrikts Solukhumbu.[3]

Abschließend möchte ich mich noch bei Martin Kämpchen für die hervorragende Zusammenarbeit und das Wecken von Erinnerungen an eigene Reisen in den Himalaya bedanken.

Weiterstadt, im September 2021
Jörg Paul Rachen

---

[1] Die fotografischen Vorlagen für die Bilder **Ein Weg** (S. 41), **Menschen im Gebirge** (S. 51) und **Die Vielfalt der Berge** (S. 74) wurden dem Autor von seinem Mitreisenden Paul Vogels zur Verwendung überlassen, bei dem sich auch der Verlag herzlich bedankt.

[2] Ausschnitt aus einer computergraphischen Bearbeitung der Fotografie *North Face of Mt. Everest*, aufgenommen von Luca Galuzzi (www.galuzzi.it), verfügbar auf Wikimedia Commons unter Lizenz CC-BY-SA 2.5. Entsprechend der Lizenzbedingungen ist eine elektronische Version des bearbeiteten Bildes zum Download unter gleicher Lizenz auf der Verlagswebseite (www.verlag23.de) verfügbar. Dort finden sich auch Links auf die Originaldatei sowie auf die Lizenzkonditionen.

[3] Karte verfügbar auf Wikimedia Commons, nachbearbeitet vom Verlag. Gemäß der dort gemachten Angaben ist die Karte aus UN Kartenmaterial erstellt und daher *public domain*.

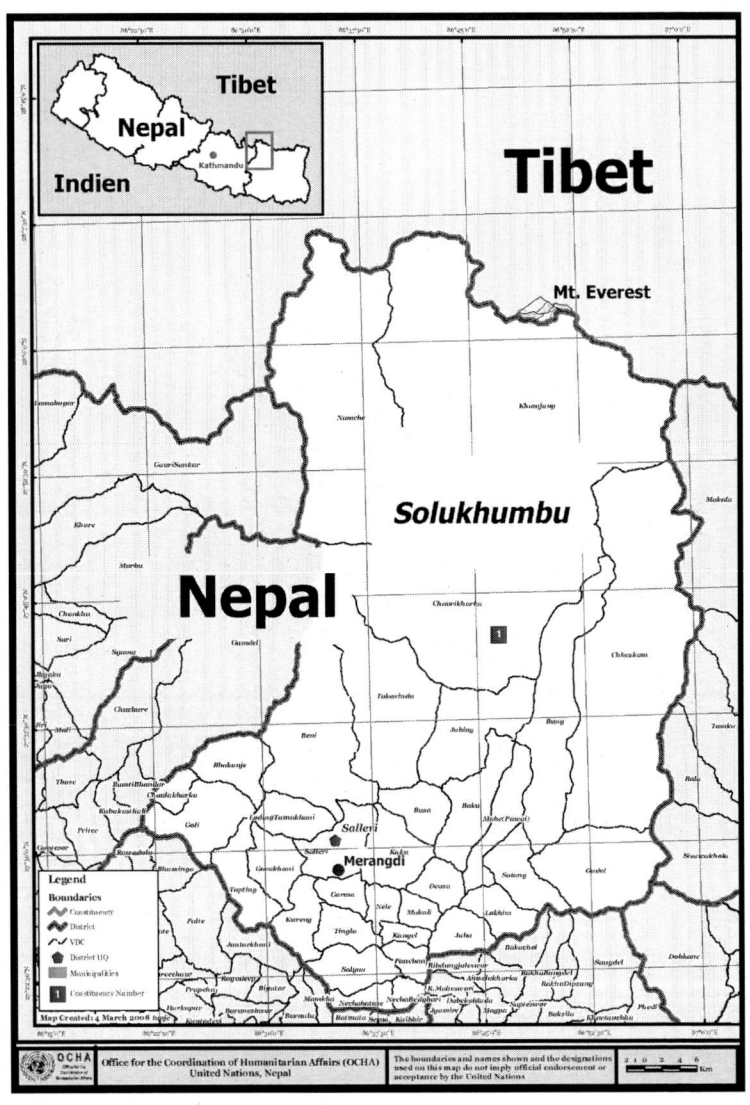

Vorwort

Nepal ist von allen Seiten eingeschlossen. Kein Meer, keine großen Flüsse, die Wege nach draußen eröffnen. Dazu kommen die hohen Berge, die Himalayas, die große Teile der Bevölkerung in Isolation leben lassen. Die Transportwege sind erschwert — bis heute versorgen Träger und Lastesel viele Dörfer mit den Gebrauchsgütern. Die Kommunikation ist auch in der Zeit drahtloser Telefone nicht ohne Herausforderungen. Viele Familien gewinnen die Grundnahrungsmittel in harter Arbeit dem Boden ab.

Gleichzeitig sind die Berge ihr Stolz und Reichtum. Der Bergtourismus gibt ungezählten Familien ihren Lebensunterhalt. Die Gipfel sind ihnen Göttinnen und Götter, die Majestät der Berge weckt Begeisterung und Erschauern.

Unsere Geschichte beschreibt das Leben in Merangdi, einem Bergdorf im Distrikt Solukhumbu, im Osten von Nepal. Am nördlichen Rand des Distrikts erhebt sich der Mount Everest, der höchste Berg, im Süden liegt das Dorf Merangdi. Ich konnte es nur über schmale, teils steile Wege erreichen. Zweimal habe ich dort einige Tage im Haus von Madan Thapa Magar verbracht, mit ihm sämtliche Dörfer der Umgebung besucht und bei seinen weit verstreuten Verwandten gewohnt. Madan lernte ich vorher auf einer Bergtour kennen. Ich beobachtete die Kinder von Merangdi beim Spielen — da waren die Idee zu diesem Buch und die beiden liebenswerten Kinder Ramu und Tara geboren.

Dank sage ich Madan, ebenso dem Wandergefährten vieler Reisen im Himalaya, Paul Vogels, der ersten Leserin des Manuskripts, Angelika Steinforth, meiner Lektorin Ute Gahlings sowie meinem Verleger Jörg Paul Rachen.

Boppard, im Juli 2021
Martin Kämpchen

Die Geschichten

1

Wie Ramu seine Ziege wiederfindet

Da war ein Berg und auf seinem Hang ein kleines Dorf namens Merangdi. Mehrere Familien bewohnten robuste Steinhäuser, und eines davon gehörte Ramus Familie. Er war etwa sechs oder sieben Jahre alt. Seine Mutter erinnerte sich nicht daran, in welchem Jahr er geboren wurde, sie erinnerte sich nur an den Tag im Monat. Darum legte sie sein Alter manchmal auf fünf, manchmal auf sechs fest. Wenn jemand sagte: „Nein, Ramu ist schon sieben", widersprach sie nicht und entgegnete: „Er ist gerade sechs, vielleicht fast sieben."

Ramus zwei ältere Brüder, Suman und Kedar, besuchten die Schule und zwei ältere Schwestern waren schon verheiratet und wohnten in der Nähe der Distrikthauptstadt Salléri. Ramus Vater hatte früher als Schreiner gearbeitet, doch heutzutage bestellte er nur die Felder in der Nähe des Hauses.

Großvater wohnte in seinem ruhigen, kleinen Zimmer im Erdgeschoss.

In der Umgebung standen die Häuser der Onkel und Tanten, Vettern und Kusinen mit ihren Kindern.

Bald nach dem Frühstück trollten sich Ramus Brüder davon nach Kerung zur Schule, und der Vater ging auf die Felder. Ramus Aufgabe war, die Zicklein zum Grasen zu treiben. Es gab eine recht große Ziegenherde, die die Nacht in einem Raum neben dem Schlafzimmer der Familie verbrachte. Manchmal nahm er die kleinen Ziegen mit zu langen Wanderungen, und wenn niemand außer den Tieren in der Nähe war, der ihn hören konnte, erzählte er ihnen alles, was er von der Welt um sich schon wusste... „Das sind die Tannen", erklärte Ramu, „hier wachsen die Rhododendronbüsche, das ist ein Pflaumenbaum und oberhalb des Hauses stehen die *Utish*-Bäume ... dieser Weg geht zum nächsten Dorf. Das heißt Vittakharka. Dort wohnt meine beste Freundin, Tara", erzählte er. „Sie und ich kennen uns seit vielen, vielen Jahren. Jeden Tag denkt sie an mich, und jeden Tag denke ich an sie. Sie ist viel jünger als ich und deshalb manchmal, na ja, sagen wir, etwas kindisch. Tara ist vier, vielleicht schon fünf, aber gewiss nicht älter."

Die Zicklein antworteten „me-he-he"; sie verstanden, dass Ramu viel mehr wusste als sie.

Wenn die Sonne hoch im Himmel stand, kehrten die Zicklein mit ihrem Anführer zurück. Dann lief Ramu zu seinem Vater, um ihn zum Mittagessen nach Hause zu rufen. Seine beiden Brüder würden am späteren Nachmittag zurückkommen. Sie würden unterwegs schwatzen und trödeln.

Die Ziegen gaben der Familie Milch zu trinken und ein Einkommen vom Verkauf des Fleisches. Dadurch konnte die Familie Nahrung und warme Kleider für den Winter kaufen. Ramu war stolz, dass er eine so wichtige Aufgabe bekommen hatte. Aber Ramu sagte auch: „Wenn ich ein wenig älter bin, werde ich zur Schule gehen und ein anderer muss euch zur Weide führen."

„Aber du bist erst fünf Jahre alt", sagte seine Mutter schlau.

„Onkel Bhala hat mir gesagt, dass ich bald sieben bin", behauptete Ramu.

„Wahrscheinlich bist du gerade sechs", sagte sie. Das war ein Kompromiss. Wenn Ramu sechs war, hatte er noch ein volles Jahr, bevor er zur Schule zugelassen wurde. So lange würde er darauf achten, dass die Zicklein sich auf den steilen, felsigen Abhängen nicht verirrten.

Einmal entfernte sich eine kleine Ziege. Ramu unterhielt sich mit Tara, die ihn auf dem Pfad hinauf zu ihrem Dorf getroffen hatte. Ramu hatte die Herde nicht im Blick behalten. Als das Mädchen weiterging und er die Zicklein zählte, fehlte eines. Er pfiff nach ihnen, und alle liefen gehorsam auf ihn zu und stießen ihre Mäulchen in seine Kniekehlen, aber eines kam nicht. Er fragte sie: „Wo ist euer Schwesterchen? Wo ist sie? Warum seid ihr nicht zusammengeblieben? Warum habt ihr nicht aufeinander aufgepasst?"

Ramu war erschrocken. Was, wenn die junge Ziege von einem der großen Felsen heruntergefallen war und nun irgendwo tief unten blutend und mit gebrochenen Knochen lag? Was würde er seinem Vater sagen, wenn er mittags mit einem Zicklein weniger heimkehrte? Konnte er seine Nachlässigkeit vor seinem Vater verbergen? Nein, ihm würde der Verlust auffallen.

Wieder rief Ramu nach dem Zicklein, er pfiff und machte besänftigende und lockende Laute. Aber das verirrte Zicklein erschien nicht. Es war schon Mittag vorbei und die Ziegen mussten in das Gehege nahe des Hauses zurückgetrieben werden. Dort warteten die Muttertiere auf ihre Jungen, denen sie einen kräftigen Schluck ihrer Milch geben wollten.

Plötzlich hatte Ramu eine glänzende Idee.

Rufend und eine Gerte schwingend trieb Ramu die Herde zurück zu ihren Müttern. Sie waren zuerst von seinem Vater sorgfältig gemolken worden. Dann tranken Ramu und seine Brüder die Milch bei ihren Mahlzeiten. Damit sie „groß und stark aufwachsen" würden, betonte ihre Mutter. Danach wurden die Tiere zu ihren Kleinen geleitet, die gierig die Euter stoßend den Rest der Milch saugten.

Ramu legte eine Leine um den Hals der Mutter des verlorenen Zickleins und führte sie hinunter zu jenem Ort, an dem er vor einer Stunde oder zwei den Verlust des Tieres bemerkt hatte. Kaum angekommen, begann die Mutter zu blöken und blökte flehentlich immer weiter. Gewiss spürte sie, dass ihr Kleines in der Nähe in irgendeiner Gefahr war. Ramu folgte ihr steil nach unten über einem kurvigen Weg zu einem Platz voll dornigem Gebüsch. Da sahen sie das Zicklein. Es war innerhalb der Dornen gefangen. Je mehr es sich zu befreien suchte, desto tiefer verfing es sich in seinem spitzigen Gefängnis. Die Dornen hatten sein weiches Fell schon aufgekratzt und es blutete aus vielen kleinen Wunden.

Nun war Ramus heroische Stunde gekommen. Vorsichtig bog er die dornigen Zweige zur Seite und drang in das Gebüsch ein. Dann streckte er die Hände nach dem verängstigten Geschöpf aus und nahm es in seine Arme. Das Muttertier sprang und blökte und stieß seinen Kopf in Ramus Rücken vor Aufregung. Sobald Ramu das Zicklein auf die Erde absetzte, vollführte es einen Riesensprung zur Mutter und nach dem Euter, um gierig die warme Milch zu saugen.

Als an jenem Abend die Familie zusammensaß und heiße Nudelsuppe aß, erzählte Ramu von seinem Erlebnis. Das Abenteuer hatte ein gutes Ende, darum konnte er darüber berichten, ohne eine Schelte zu befürchten. Nachdem Ramu eingeschlafen war, ging sein Vater in den Stall, um nach dem Zicklein zu schauen, das an die Mutter gedrückt schlief. Er wärmte eine Schale Wasser und säuberte die Wunden mit einem Schwamm.

2

Ramu zeigt Amma wie man kocht

„*Amma*, darf ich dir heute helfen?", fragte Ramu manchmal am Morgen, wenn er neben dem Kochfeuer hockte. Die Küche war im oberen Stockwerk unter dem Dach. Mutter entzündete das Feuer, wenn Ramu noch schlief. Zuerst bereitete sie den Bergtee aus Maispulver, gemischt mit Salz und zerlassener Butter, damit die Familie sich wärmen konnte. Der war besonders an kalten Wintertagen wichtig. Dann kochte sie ein nahrhaftes Frühstück, zum Beispiel dicke *Chappatis* mit Kartoffelcurry oder Pfannkuchen.

„Also gut", antwortete Mutter. „Dann hol einen Krug Wasser herauf. Aber hör zu, nimm den kleinen Krug!"

Ramu rannte hinunter, füllte den großen Krug mit Wasser und schleppte ihn über die dunkle Treppe hinauf. Mutter tadelte ihn, aber sie wusste, was er ihr entgegnen würde. Er sagte: „Aber *Amma*, ich bin sechs Jahre, wenn nicht schon fast sieben!"

„Ja, ja, ich weiß", sagte sie mit einem Lächeln. „Säubere also die Kartoffeln im Waschbecken, aber mache es gründlich."

„Aber gebrauche so wenig Wasser wie möglich", wiederholte Ramu die Mahnung, die Mutter als nächstes ausgesprochen hätte. Denn jeder Tropfen Wasser musste von der Quelle, einige Minuten vom Haus entfernt, geholt werden.

Ramu wusch die Kartoffeln, die die Familie auf dem Feld neben dem Haus geerntet hatte. „Und jetzt?", fragte er.

„Schäle die Kartoffeln, aber langsam, damit du dich nicht schneidest."

„Habe ich jemals meine Finger geschnitten?"

„Nein, natürlich nicht. Du bist schon ein großer Junge."

„Eben", sagte er und unterdrückte sein „sechs oder fast schon sieben Jahre".

„Hole nun das Senföl vom Gestell."

„Und dann…?"

„Während ich die Kartoffeln brate, unterhalte du das Feuer."

„Nein, *Amma*! Du sollst das Feuer unterhalten, und ich brate die Kartoffeln. Ich bin jetzt groß, das hast du selbst gesagt!"

„Aber siehst du nicht, dass beides notwendig ist, um eine Mahlzeit zu kochen?"

Ramu war nicht leicht zu überzeugen, doch diesmal war er damit zufrieden, langsam einen dicken Holzscheit immer tiefer in den Herd zu schieben.

„Gut machst du das", lobte Mutter, während das Öl in der Pfanne tanzte. „Jetzt rufe *Baba* zum Frühstück."

Ramu war damit beschäftigt, die Teller seiner Eltern mit gebratenen Kartoffeln zu füllen. Bald erschien Großvater, begleitet von Suman und Kedar. Sie alle hockten neben dem Kochfeuer und nahmen ihre Mahlzeit ein. Danach machte Mutter eine Kanne Bergtee, alle tranken ihn mit Genuss.

Das Küchenfeuer ging während des gesamten Tages nicht aus. Es füllte den Raum mit feinem Rauch, der in den Augen brannte. Er entwich durch die Ritzen in den Dachziegeln. Der Ruß hatte schon lange die Holzbalken und die Dachziegel geschwärzt, was ihnen den Anblick würdigen Alters gab.

Eines Nachmittags verkündete Ramu, dass *er* heute die Abendmahlzeit vorbereiten werde. „*Amma*, du bist meine Gehilfin und ich sage dir, was zu tun ist."

„Oh, wie schön! Dann habe ich also wenig zu tun?"

„Nein, nein, *Amma*, du musst hart arbeiten, um eine richtige Gehilfin für mich zu sein. Aber ich mache die schwere Arbeit."

Ramu spaltete das Holz, allerdings half der Vater ihm ein wenig dabei. Dann trug Ramu die Holzscheite zur Küche. Mehrmals ging er rauf und runter und wieder rauf und trug so viel, wie seine Arme halten konnten.

Seine Mutter schüttete zwei Handvoll Reiskörner in ein Gefäß.

„Zuerst der Reis", befahl Ramu. „Wo ist der Topf ... oh, du hast ihn in der Hand...", sagte er und ermahnte seine Mutter: „Pass auf, dass der Reis nicht zu weich wird."

Seine Mutter holte eine Tüte mit *Dal* vom Gestell. Sie siebte die winzigen gelben Körner mit ihren Fingern und suchte nach verfaulten oder schwarzen Körnern, um sie auszusortieren.

„Jetzt kommt das *Dal*. Schütte ihn in den Topf und gieße Wasser dazu", befahl Ramu. „Haben wir eine Zwiebel? Wir können eine Zwiebel ins *Dal* schneiden, nicht wahr?"

Danach griff die Mutter nach den Bohnen, die sie am Morgen vom Feld geerntet hatte.

„Heute essen wir Bohnen", verkündete Ramu und begann, sie kleinzuschneiden.

Ramus Mutter arbeitete still, damit die Mahlzeit fertig wurde, und Ramu gab seine Kommentare. Als sein Vater zum Essen heraufkam, fragte er mit einem Lächeln: „Hat Ramu das Essen ganz allein zubereitet? ... Wir haben wirklich einen großen Sohn im Haus!"

Ramu grinste stolz.

„Nein, er hat nicht alles allein getan", widersprach Kedar. „Er kann den großen Topf, wenn er mit Reis gefüllt ist, noch gar nicht heben."

„Willst du mit mir streiten?" Ramu war verletzt.

„Was macht es, wenn Ramu den großen Topf nicht heben kann", sagte der Vater mit strengem Ton. „Er weiß, dass es ein Topf ist und dass er mit Reis gefüllt werden muss und dass der Reis über dem Feuer kochen muss. Nicht wahr, Ramu?"

„Und vergiss nicht, den Topf mit Wasser zu füllen!"

„Siehst du, Kedar! Ramu weiß sogar mehr vom Kochen als ich."

Als der Vater das sagte, machte er Zeichen zu Kedar, dass er aufhören solle, Unsinn zu reden.

Merangdi

3

Tara hilft Ramu, sich zu verstecken

Es war im Monat Mai. Ramus Familie war recht zufrieden mit ihrem Leben im Bergdorf Merangdi. Es war angenehm kühl und eine lebhafte Brise blies aus dem Osten. Sie alle wussten, dass unten in der Ebene, der Terai, das Wetter heiß und schwül war.

Ramu liebte es, die gefährlich felsigen Wege hinaufzuklettern und sie dann wieder herunter zu rennen. Die Jungen im Dorf wetteiferten darum, wer als erster diese große Tanne dort oben erreichte oder wer als erster vom Bach ins Tal zurückkehrte. Ramu gewann nicht immer, aber er war unter den ersten.

Sie spielten auch Verstecken. Das war ein schwieriges Spiel in den Bergen. Es gab so viele ideale Verstecke – hinter Felsen und in Erdfalten und Büschen. Man wurde beinahe unsichtbar. Die Jungen rannten umher und suchten und suchten lange, bis sie einen Jungen aus ihrem Versteck herausziehen konnten. Manchmal schlief der Junge aus Langeweile ein, bevor man ihn fand. Also entschieden sich die Kinder, das Gebiet, in dem man sich verstecken durfte, einzugrenzen. Es sollte von jener Tanne bis zu diesem Baum da unten und von jener Hütte und diesem Felsen abwärts sein. In diesem Viereck, nicht außerhalb! Alle waren einverstanden und wählten den ersten Jungen, der sich verstecken sollte aus. Ramu sollte der erste sein. Jetzt war es schwieriger, ein gutes Versteck ausfindig zu machen.

Tara schaute aus gewisser Entfernung zu. Als sich die Jungen umdrehten, damit sie nicht sehen konnten, wo Ramu sich verstecken würde, winkte Tara Ramu herbei und wisperte ihm etwas ins Ohr. Ramus Gesicht erhellte sich, seine Augen lachten. Auf Zehenspitzen stahl er sich davon. Kein Laut verriet, in welche Richtung er ging.

Das war die Zeit der Rhododendron-Blüte. Die Büsche mit ihren knallroten Blüten breiteten sich über beinahe den gesamten Hang aus. Sie wuchsen nicht so hoch wie in den Tälern, weil die Felsen nur eine dünne Erdschicht bedeckte. Die Wurzeln konnten nicht tief genug eindringen, um die Büsche zu nähren. Die Büsche wuchsen kniehoch und sahen, wenn sie nicht in Blüte standen, trocken und farblos aus. Doch zur Zeit der Blüte übersäte der Rhododendron die Hänge und Täler weiß und rot und rosa – ein wundervoller Anblick.

Niemand hatte bisher an diese Büsche als ein geeignetes Versteck gedacht. Aber warum nicht? Wenn sich ein kleiner Kerl wie Ramu flach auf den Boden legte, würde ihn die dichte Decke der Blüten und breiten Blätter unsichtbar machen. Er kroch in die Büsche, legte sich und wartete reglos, gespannt, ob die Freunde ihn finden würden.

Sie zählten bis hundert, und als jemand rief „einhundert!", schwärmten sie über die begrenzte Gegend aus, um ihren schlauen Ramu so geschwind wie möglich zu fangen. Überall schauten sie, aber nirgends war er zu finden. Ramu kicherte, auch Tara kicherte aus der Ferne und musste ihre Hand vor den Mund halten, um nicht in Lachen auszubrechen.

Erst als eine Ameise über Ramus Arm marschierte und eine Fliege in seine Nase kriechen wollte, so dass er laut niesen musste, da sprang er auf und streckte die Arme hoch und rief triumphierend: „Hier! Hier bin ich!"

„Sie!", zeigte er, „Tara hat mich auf die Idee gebracht."

Alle Kinder saßen zusammen und lachten und freuten sich über die Überraschung. Die Jungen erlaubten sogar dem kleinen Mädchen, mit ihnen zusammen zu sitzen.

„Das nächste Mal, wenn wir Verstecken spielen, darf Tara mitmachen", ordnete Ramu an. Er hatte das Spiel gewonnen, deshalb widersprach niemand.

Haus in Merangdi

4

Großvater erzählt von seiner großen Familie

Großvater war der Besitzer des Dorfhauses, in dem er selbstbewusst und zufrieden wohnte. Er war 84 Jahre alt. Nun, Ramu sagte er, er sei 84, aber seit einer ganzen Reihe von Jahren erzählte er den Senioren von Merangdi, er sei „mehr oder weniger achtzig". Besucher informierte er allerdings, er sei 75. Seiner Familie sagte er vertraulich, er erhöhe oder senke sein Alter, um ein wenig Spaß zu haben. Oh, erst 75…, würden einige sagen; oh, schon 84 und noch so rüstig, würden andere ausrufen, und Großvater würde darauf sein charakteristisches Kichern anstimmen.

Er genoss den Frieden und die Ruhe des Hauses. Wenn die ersten Morgenstrahlen den Balkon berührten, der an zwei Seiten des oberen Flurs entlanglief, saß er genau an dem Platz und wärmte sich. Er faltete seine Hände und machte es sich auf seiner Holzbank bequem. Großvater rückte mit der Sonne den Balkon entlang, er schloss seine Augen, um die Wärme umso angenehmer zu spüren. Von Zeit zu Zeit tastete er mit seinen Händen neben sich, um zu wissen, ob sein kleiner Hund immer noch dort lag und die Sonne genauso genoss wie er.

Großvater war fast blind. Seine winzigen Augen waren blutunterlaufen und leer. Er konnte nur große Gegenstände wie Schatten erkennen, und er spürte, wenn sich die Nacht auf die Berge senkte. Trotzdem wusste Großvater genau, wo er sich befand. Sein ganzes Leben hatte er in diesem Haus und in Merangdi verbracht. Niemals hatte er sein Dorf verlassen. Er *sah* jeden Stein und jeden Busch. Langsam bewegte er sich mit Hilfe seines Knotenstocks im Hause und dessen Nachbarschaft umher, aber er strauchelte und stolperte nie.

Manchmal würde Großvater Ramu rufen und Heimatkunde mit ihm betreiben. Zuerst fragte er: „Ramu, siehst du Wolken am Horizont entlang ziehen?" Wenn Ramu sagte: „Nein, *Baje*", dann fragte er weiter: „Bist du sicher, dass die Berghänge klar sind?" Wenn Ramu antwortete: „Ja, *Baje*", befahl er Ramu, sich genau vor ihn hinzustellen. Großvater legte seine linke Hand auf Ramus schmale Schulter und seine rechte Hand hielt er vor Ramu. Er zeigte nach vorn: „Schau her!" Er bat Ramu, das Dorf auf dem Hang genau vor ihnen zu beschreiben. „Ja", sagte Großvater, „das Dorf heißt Angpang, es liegt genau unterhalb der Fahrstraße. Jetzt schau ein wenig nach rechts, da siehst du ein Dorf, das heißt Surke, etwas oberhalb und schwer von uns aus zu erkennen, liegt Mate ... dann weiter rechts Chyangsar ... und dann Chatyang ... Sigane und Chimding. Siehst du? Wenn du ganz scharf hinsiehst, erkennst du auch Chyangba, dann Danda Kharka und ganz weit, ganz rechts noch Nagam…"

Großvater bewegte mit jedem Namen seinen Finger ein winziges Stück nach rechts, und er bat Ramu, die Häuser zu beschreiben und den Namen zu wiederholen.

Großvater unternahm kleine botanische Exkursionen mit Ramu. Großvater hatte ihn dem Pflaumenbaum vorgestellt, der auf der anderen Seite des Kartoffelackers wuchs. Von dem Tag war der Pflaumenbaum Ramus Freund.

„Erinnerst du dich, *Baje*? Das ist schon lange her, viele Jahre!", erinnerte Ramu seinen Großvater.

„Ach was!", widersprach Großvater. „Wir haben den Pflaumenbaum vor drei Monaten zum ersten Mal getroffen."

Von seinem blinden Großvater lernte Ramu, wie man prüft, ob ein Maiskolben reif zum Essen ist. Er lehrte den Jungen, wie er den Hörnern der Ziegen ausweichen kann, wenn er sie melkt, und Großvater ermahnte ihn, die kleinen Wilderdbeeren zu pflücken, die an den Wegrändern wachsen. „Pflücke jede, zusammen ergeben sie eine halbe Mahlzeit", sagte er und versuchte, ein paar aus Ramus kleinen Händen zu stibitzen.

Großvater trug seine alte Jacke, die fast bis zu den Knien reichte. Das war einmal eine großartige Jacke, die einem Gentleman alle Ehre machte. Inzwischen war sie zerschlissen und verschmutzt. Doch schützte sie ihn gegen den Wind. Manchmal würde Ramu nachts neben seinem Großvater auf einem zweiten Holzbett schlafen, doch meist wollte der Großvater allein bleiben.

„Erzähle mir von meiner Familie", sagte der kleine Ramu häufig und machte es sich nach dem Mittagessen neben dem Großvater bequem. „Erzähl mir von meinen Onkeln und Tanten und allen anderen…" Wenn Großvater nicht in Erzähllaune war, murmelte er, dass er jetzt ein Mittagsschläfchen brauche. Doch wenn er ins Erzählen kam, wie er seine Familie aufgezogen hatte, dann stand er, inmitten seiner Erinnerungen, auf und sagte: „Komm mit, wir wollen sie alle besuchen."

Ramu wusste, dass er ihn zu dem Familientempel mitnehmen würde, der ein paar Minuten den Hang aufwärts lag. Großvater bestand darauf, ohne Hilfe, nur auf seinen Stock gestützt, hinaufzugehen.

Das war kein Tempel im üblichen Sinn. Es war ein heiliger Hain, der von einem niedrigen Zaun eingefasst war. Darin wuchsen wildes Gras, einige blühende Büsche und kurze, kräftige Bäume. Zwischen den Wurzeln war ein Dutzend flacher Steine in den Boden gerammt, auf denen Namen eingemeißelt waren. Das niedrige Eisentor, das in den Hain führte, war verschlossen, aber Großvater hatte einen Schlüssel, der an einer Schnur um seine Hüften hing. Er allein besaß den Schlüssel. Er öffnete das Tor allein, obwohl seine blinden Hände eine Weile suchen mussten, bis sie das Schlüsselloch fanden.

Wenn sie im Hain standen, begann Großvater zu erzählen. Er kannte die Namen auf allen Steinen. Er zeigte auf jeden einzelnen, denn er wusste genau, wo jeder stand. Großvater berührte einen und sagte: „Er war mein ältester Neffe, er wohnte im zweiten Haus unterhalb von uns, das nun seinem ersten Sohn und dessen Frau, die in Salléri geboren wurde, und ihren Söhnen gehört."

Großvater sagte den Namen seines Neffen, Suman, der ein Schreiner war, ebenso wie Ramus Vater. Der Neffe hatte eine glückliche Hand, denn er konnte wunderbare Spielsachen aus Holz herstellen, die er seinen Kindern und den Kindern von Merangdi schenkte und sogar auf den Märkten von Pattale Bazar und Salléri verkaufte. Seine Kinder sind jetzt erwachsen, nur eines lebt noch in Merangdi, die anderen haben sich in Dörfern der Umgebung niedergelassen.

Nachdem Großvater mehr über diese Kinder erzählt hatte, die alle verheiratet waren und eigene Kinder bekommen hatten, die zur Schule gingen oder auf den Feldern arbeiteten oder weggegangen waren, um für Touristen als Bergführer zu arbeiten, fragte Ramu: „Wie hat dein Neffe ausgeschaut?"

„Du meinst Suman? Wie er ausgesehen hat? … Hat er irgendwie besonders ausgesehen?" Großvater blieb in seinen Träumereien stecken. „Ramu, du fragst allerlei ungewöhnliche Dinge", gab Großvater, ein wenig irritiert, zurück.

„Oh, entschuldige, *Baje*", sagte Ramu beschämt. „Er sah gewiss — sehr gut aus."

„Ja, ja, gut sah er aus und nicht sehr groß und nicht wirklich klein. Er war stark, wie wir Bergleute von Merangdi eben alle sind, ja, ja…"

Ramu war damit zufrieden. Nachdem Großvater noch einige Geschichten erzählt hatte, gingen sie ihm ein wenig durcheinander. Manchmal vergaß er, dass Ramu neben ihm stand. Dann sprach er seine Verwandten an. Sein Finger zeigte auf einen Stein, über den er schon erzählt hatte. Aber diesmal war die Geschichte anders. Ramu unterbrach seinen Großvater nicht. War es wichtig, welche Geschichte zu welcher Person gehörte und welcher Stein zu welcher Geschichte? Ramu fand, es war nicht wirklich wichtig, aber er zögerte, Großvaters Meinung darüber zu erfahren.

Baje

5

Wie Ramu seine Magenschmerzen vergaß

Ramu saß eines Tages auf einem Fels und beobachtete, wie ein Adler still in den weiten Himmel hinein segelte. Plötzlich spürte er einen scharfen Schmerz in der Magengegend. Angestrengt beobachtete er den großen Vogel, wie er langsam seine Kreise zog, und hoffte, der Schmerz werde vergehen. Aber er blieb. Ramu legte sich auf eine grasbedeckte Stelle neben dem Fels. Er schloss seine Augen und hoffte, er könne einschlafen und schmerzfrei aufwachen. Aber der Schmerz ließ ihn nicht schlafen. Was tun? Er presste die Hand auf den Magen. Ramu dachte: „Ich bin sechs oder vielleicht schon sieben Jahre alt. Ich bin ein großer Junge. Ich kann nicht zu meiner Mutter rennen und mich auf ihren Schoß setzen, um zu weinen. Sie hat Arbeit im Haushalt. Nein, nein, ich bin ein großer Junge und werde nicht weinen!", entschied Ramu.

Aber was konnte man außer Weinen tun, um den Schmerz zu mildern?

Ramu starrte in den fernen Himmel. Der Adler hatte sich wahrscheinlich irgendwo tief im Tal niedergelassen. Hatte er seine Beute bekommen? Vielleicht riss er gerade das Fleisch von den Knochen einer Ratte, die er gefangen hatte. Ramu erschauderte. Um sich abzulenken, beobachtete Ramu eine große, weiße Wolke, wie sie langsam und majestätisch vom östlichen Horizont in die Mitte segelte. „Oh, wie wunderschön!", dachte er und schaute unverwandt zu. Als die Wolke vor die Sonne glitt, spürte Ramu den Schatten der Wolke auf ihm liegen. Das erinnerte ihn an seine Magenschmerzen. Wäre es nicht viel wunderbarer, wenn die Sonnenstrahlen auf ihn fallen könnten, auch während die Wolke vor ihr vorbeiglitt? Vater hatte ihm oft gesagt, dass die Sonne uns mit ihrem Licht Leben schenkt. Ohne die Sonne würden wir zu Tode frieren und im Dunkeln umherstolpern. Gut, aber warum hatte eine einzige weiße Wolke die Kraft, die Sonne so zu verdunkeln?

Während er das dachte, fiel ein neuer Schatten auf ihn. Er schaute sich um und sah, dass Tara neben ihm stand und ihn fragend anschaute.

„Was ist mit dir los, Ramu?"

„Nichts … warum?"

„Oh … ich dachte, dir sei nicht gut."

„Ich habe Magenschmerzen, aber ich bin nicht krank."

„Dann musst du zum Arzt gehen", sagte sie.

„Ich besuche niemals den Arzt", sagte Ramu etwas ungeduldig. „Was kann schon los sein mit einem kleinen Jungen wie mir? Nur alte Leute, die mit einem Stock gehen, brauchen einen Arzt."

„Aber du hast Schmerzen. Das sehe ich an deinem Gesicht."

Ramu stand auf und drehte Tara den Rücken zu. „Komm, gehen wir", sagte er.

„Aber wohin?"

„Weiß nicht", antwortete Ramu. „Entscheide du. Besser, wir laufen etwas, anstatt uns zu streiten, meinst du nicht auch?"

Also ging das kleine Mädchen voraus. Sie wanderte hinunter zum Bach und schlug den Pfad stromabwärts ein. Bald erschienen einige hohe Tannen, und sie gingen unterhalb an ihnen vorbei, bis sie zu einem Steinhaus kamen. Sie wussten, dass es einem Maurer gehörte, der Steine behaut, die zu Mauern aufgeschichtet werden. Er war ein dorfbekannter

Trunkenbold, darum lief Tara rasch vorbei und schaute zurück, ob Ramu ihr folgte. Sie wollte nicht, dass der Maurer sie bemerkte und aufhielt. Sie verließ den Weg am Bach und nahm einen anderen, der zu einem hohen Fels führte. Als sie davor standen, sah sie, wie der Fels vor ihnen jäh aufragte. Sie blieb stehen und wusste nicht weiter. Der Weg war zu Ende.

Tara war verdutzt. „Ich habe den Weg verloren", sagte sie.

„Es *gibt* keinen Weg", lachte Ramu.

„Was machen wir jetzt?"

„Einfach", rief Ramu. „Wir kehren um, nur ein Stück, und umgehen den Fels und klettern den Hang daneben hoch. Von dort erreichen wir bequem die Felsspitze. Wir brauchen keinen Weg!"

„Oh, du bist schon so groß", sagte sie schüchtern. „Dann geh du voraus."

Sie kletterten vorsichtig den Hang nach oben und gingen von dort seitwärts zur Spitze des Felsens. Es war gar nicht so schwer. Sie lachten und schauten sich glücklich an. Von dort oben sah die Welt plötzlich anders aus. Die Sonne erwärmte sie. Ihre beiden Dörfer waren nirgends sichtbar. Der Bach lag versteckt in der Schlucht. Sogar das Haus des Maurers war hinter einem Hügel verschwunden. Nur der Horizont erschien bekannt, alles andere war neu.

Tara fragte: „Übrigens, sind deine Magenschmerzen besser geworden?"

„Oh", sagte Ramu erstaunt, „sie sind weg…, total weg! Wie eigenartig… Warum nur?"

„Aber du hast mir gesagt, dass du nicht krank bist", sagte das Mädchen.

∽

6

Etwas wird geschehen, sagt Ramu

Ramus Mutter war nicht kräftig und robust wie die meisten Bergfrauen. Sie war eine zarte Person. Welche Courage, drei Söhne und zwei Töchter zu gebären! Es ist ein Privileg, das letzte Kind zu sein, und Ramu war sich dessen bewusst. Obwohl er sich der Mutter sehr nahe fühlte, zog er es vor, in der Natur zu sein. Er liebte es, unter den Felsen und Bäumen umherzuschweifen und mit anderen Kindern des Dorfes zu spielen. Nur der Hunger trieb ihn nach Hause. Still würde er in einer Ecke der Küche sitzen. Seine Mutter wusste, dass er hungrig war, und stets zauberte sie etwas auf den Teller.

Während Ramu aß, beobachtete seine Mutter ihn mit einem Lächeln. Es war ein merkwürdiges, melancholisches Lächeln. Aber Ramu war nicht traurig oder erschrocken. Er war eher stolz darauf, denn ihm allein galt ein solches Lächeln und keinem sonst.

„Eines Tages wirst du zur Schule gehen", sagte sie von Zeit zu Zeit. „Du wirst ein glänzender Schüler werden, der sogar die schwierigsten Wörter und Zahlen behalten kann."

„Bist du dir sicher, *Amma*?", sagte Ramu zwischen zwei Bissen.

„Gewiss", versicherte sie ihm. „Deine Onkel und Tanten haben nicht viel gelernt, nur fünf oder sechs Jahre. Du aber wirst viele, viele Jahre studieren und ein kleiner Gelehrter werden."

Ob er sich wohl auf eine solche Aussicht freuen sollte, fragte sich Ramu. Er hatte die Schule, die seine beiden Brüder besuchten, nie gesehen. Sie war weit weg. Vermutlich müsste er den ganzen Morgen in einem dunklen und feuchten Raum sitzen. Keine Sonnenstrahlen, kein Vogelgezwitscher, keine Wolken über ihm. Da sollte er jahrein jahraus hingehen, nur damit seine Eltern und Lehrer ihn einen "kleinen Gelehrten" nennen würden?

Ramu schob solche Gedanken beiseite. Es war noch viel Zeit, mindestens ein volles Jahr, vielleicht zwei, bevor er zur Schule geschickt würde.

Nach dem Imbiss bat Mutter Ramu, Milch von einem Bauern zu holen. Heute hatten sie nicht genug Milch von den Ziegen melken können. Der Bauer wohnte nicht weit entfernt. Um sein Haus zu erreichen, musste Ramu bergauf und gegen Osten gehen. Auf einem sanften Hang wuchs genug Gras, dass zwei Kühe darauf satt wurden. Die Hütte des Bauern stand nebenbei, so dass er ein Auge auf die Kühe werfen konnte. Er wollte nicht, dass die Kühe äsend weiter wanderten und von einem Fels fallen und ihre Beine brechen würden. Kühe haben vier Beine, die sie brechen können, sagt er, nicht nur zwei wie wir Menschen. Man sollte also besonders auf sie acht geben.

Mutter drückte Ramu ein Blechkännchen in die Hand und sagte: „Beeile dich, damit du vor Sonnenuntergang zurückkommst."

Ramu hatte kürzlich einen kleinen Gummiball von einem Dorfbewohner geschenkt bekommen, und er nahm ihn mit, um auf dem Weg zu spielen. Plötzlich schlüpfte der Ball aus seinen Händen und sprang abwärts in ein Dickicht. „Nicht doch!", rief er. „Warum muss das gerade jetzt passieren?" Er suchte und suchte und fand den Ball erst nach einer guten Weile. „Schluss mit dem Spielen", sagte er. „Jetzt muss ich rennen, um die Milch abzuholen."

Als Ramu beim Bauern ankam, musste der zuerst die beiden Kühe melken, und dann füllte er das Kännchen mit Milch und gab es Ramu zurück. Das Licht war schon fahl geworden. Die Sonne wurde blutrot und schickte ihre Strahlen geradewegs über die Berge. ‚Wie großartig anzusehen!‘, dachte Ramu. Doch erinnerte er sich an Mutters Worte und eilte bald weiter.

Aber die sinkende Sonne war schneller. Obwohl Ramu alle Pfade zum Dorf und alle Büsche und Bäume rundherum kannte, verlor er seinen Weg in der pechschwarzen Dunkelheit. Wieder rief er: „Warum muss das gerade jetzt passieren!"

Er stand still und horchte nach Lauten aus dem Dorf. War da kein Hund, der bellte, keine Ziege, die blökte, keine Henne, die gluckste, kein Vater, der seine Kinder ausschimpfte? Zum ersten Mal hatte Ramu den Weg verloren. Doch geriet er nicht in Panik. Er stand da und wartete und dachte: *Irgend*was wird sicher geschehen!

Nach einigen Minuten hörte er jemanden weinen. Ramu folgte langsam dem Laut und entdeckte Klein-Tara allein weinend am Weg.

„Was ist passiert, Tara?" rief er mit entschlossener Stimme.

„Ich habe den Weg verloren", sagte sie und legte ihr Gesicht auf Ramus Arm. „Ich wollte eine Puppe von dem Haus dort oben abholen, wo die Weberin wohnt."

„Ich kenne den Weg nach Hause, keine Sorge, kleines Mädchen", versicherte Ramu und deutete mit dem Arm nach vorn. Zum Glück bemerkte Tara in der Dunkelheit nicht, dass er recht willkürlich in eine Richtung zeigte.

„Komm mit, zusammen sind wir stark und du brauchst nicht zu weinen", sagte er, bemüht, mutig zu klingen.

*Irgend*was wird geschehen, dachte er ein zweites Mal. Dann bemerkte Ramu ein flackerndes Licht. Er hielt Tara fest bei der Hand und ging langsam, sich Schritt für Schritt vortastend, weiter.

Nach einer Weile erreichten sie die Hütte des Dorfschmieds. Er arbeitete an einem offenen Feuer vor der Hütte. Der Mann sah die Kinder, und ohne Fragen zu stellen nahm er ihre kleinen Hände in seine großen und starken und führte sie nach Hause… Ramu zuerst zu seinem Haus in der Nähe und Tara nach Vittakharka etwas weiter entfernt.

Ramus Mutter hatte sich schon Sorgen gemacht, doch als sie ihren Sohn in Begleitung des Schmieds sah, sagte sie nur mit einem Lachen: „Ich hoffe, die Milch ist nach einer so langen Reise nicht sauer geworden."

7

Öffne nie mehr eine Flasche!

Ramus Familie war nicht reich. Keine Familie in Merangdi war reich. Die Berge waren steinig, die Hänge steil, nicht viel konnte darauf wachsen. Die Dorfbewohner hatten keine Idee, was Reichtum war, denn sie hatten nie ein Leben in Luxus gesehen und konnten sich ein Leben, das sehr verschieden von ihrem eigenen war, nicht vorstellen. Die meisten Familien lebten von der Landwirtschaft, und einige verdienten sich etwas dazu mit Korbflechten, Seildrehen und indem sie Küchengeräte aus Holz schnitzten.

Ramus Vater bereitete Alkohol aus Weizen, Mais oder Hirse. Eine Woche musste das Gebräu gären, dann konnte es verkauft werden. Er verkaufte es den Männern vom Dorf in fest verschraubten Flaschen, die sie nach Hause mitnahmen. Abends würden sie an die Haustür klopfen, und Ramus Vater ging mit einer Flasche nach draußen. Er verkaufte den Alkohol niemals vor seinen Kindern. Ramus Vater trank selbst auch nicht davon. Manchmal murmelte er, als spreche er mit sich: „Versteh mich recht, ich habe drei Söhne zu Hause. Wie kann ich sie alle nur mit der Ernte auf meinen Feldern durchbringen? Ist es möglich, noch härter zu arbeiten?"

Ramus Mutter hörte ihn, manchmal auch Kedar, der langsam zum energischen Teenager aufwuchs. Wenn der Vater sich selbst anklagte, schwiegen sie und schauten weg.

Ramu war stets hilfsbereit. Er wusste, in welcher Ecke der Vater die Flaschen verwahrte. Manchmal, wenn Ramu ein

Klopfen hörte, holte er eine hervor und lief, um die Tür zu öffnen. Der Vater kam ihm zuvor und rief verlegen: „Nicht doch, Ramu, **nein**! Das ist meine Aufgabe. Bleib drinnen sitzen, hörst du?"

Eines Abends klopfte es und ohne dass seine Eltern es bemerkten, öffnete Ramu eine Flasche. Der Geruch des sauren, vergorenen Alkohols stach in seine Nase. Ramu musste heftig niesen, und nochmal nieste er, wobei er die Flasche erschrocken von sich warf. Die Flasche zerbrach in tausend Stücke und das schaumige Zeug floss über den Fußboden.

Ramu starrte darauf, verängstigt. Er lief zur Mutter und begann zu weinen. Niemand tadelte ihn. Seine Mutter nahm ihn auf den Schoß und wiegte ihn, obwohl er doch schon fast sechs Jahre war.

Solange die Verwirrung andauerte, bemerkte niemand, wer draußen wartete. Ramus Vater nahm ein kleines Bündel Stroh und begann zu wischen.

Dann trat Taras Vater mit seiner Tochter ins Haus. Sie sahen die Bescherung.

„Was ist passiert?", fragte er.

„Nichts, eigentlich", sagte Ramus Vater ausweichend. „Eine Flasche ist zerbrochen. Ich bringe eine neue für dich."

„Hier stinkt es aber", sagte Tara.

„Ja, ja, das passiert manchmal", versuchte der Vater, sie zu beruhigen.

„Aber es ist kaum auszuhalten", jammerte sie. „Ich will weg."

„Nur einen Augenblick, noch einen … wir sind sofort fertig", sagte er.

„Ich warte draußen, mir ist nicht gut, ich glaube, ich muss mich…"

„…übergeben?", fragte Ramu hilfsbereit. Er war vom Schoß der Mutter gesprungen.

„J-ja…". Die Kinder gingen vor die Tür.

„Hab keine Angst, kleine Schwester", sagte Ramu und schaute hinaus in die Dunkelheit. „Das ist das Zeug, das die Erwachsenen am Abend trinken. Sie nennen es *Chang*."

„Ja, ich weiß. Es stinkt."

„Darum öffne nie eine Flasche, so wie ich es gerade getan habe. Halte den Gestank in der Flasche. Dann brauchst du ihn nicht zu riechen und alles ist gut."

„Versprich mir, dass du niemals mehr eine Flasche öffnest", verlangte sie.

„Versprochen, niemals!"

Ramu war ganz feierlich zumute.

Im Dorf

8

Onkel Lhakpa darf sich lange ausruhen

Onkel Lhakpa wohnte in einem Dorf weit unterhalb von Me-rangdi. Um sein Dorf zu erreichen, musste man den Bach über-queren, dem Pfad in südwestlicher Richtung folgen, und kurz bevor man die Bushaltestelle erreichte, da war Onkels Haus. Er sah wie ein alter Mann aus, er hatte Falten im Gesicht und sein Haar war weiß. Er ging gebückt. ,Aber war er tatsächlich *alt*?', fragte sich Ramu. Er hatte gehört, wie sein Vater über alte Bäu-me und alte Ziegen und altes Brot sprach. Wenn ein Baum sehr alt war, wurde er morsch und man musste befürchten, dass der nächste Sturm ihn umwarf. Deshalb fällte man ihn. Wenn eine Ziege alt geworden war, wurde sie geschlachtet, solange das Fleisch noch nicht zu zäh zum Essen war. Dasselbe mit Brot; es musste aufgegessen werden, bevor es hart und schimmelig wurde.

Aber war der Onkel „alt", nur weil er diese Fältchen hatte? Natürlich nicht. Darum würde ihm nichts geschehen.

Ramu bemerkte allerdings, dass sein Vater beinahe jeden Monat sagte: „Komm mit, Ramu, wir wollen Onkel Lhakpa besuchen. Er wird nicht jünger." Ramu liebte den Weg hinunter zum Bach und wieder aufwärts bis in die Nähe der Straße.

Ramu bettelte manchmal: „*Baba*, können wir nicht bis zur Straße gehen, nur für ein Weile. Vielleicht fährt ein Auto vor-bei."

Der Vater stimmte meistens zu und sie beobachteten die Straße von einem Felsen aus und warteten auf ein Auto. Das war keine verkehrsreiche Straße und sie führte nur bis irgendwohin und war zu Ende. Aber jeden Tag verkehrte einmal oder zweimal ein Bus und ein paar Autos fuhren hin und her.

Kam wirklich ein Auto, würde Ramu in die Hände klatschen und dem Auto unter ihm zuwinken. Ramu war enttäuscht, wenn niemand im Auto zurückwinkte. „Gibt es niemanden im Auto?", fragte er seinen Vater.

„Natürlich, einer fährt das Auto."

„Warum winkt er mir also nicht zu?"

„Ich weiß nicht, Ramu. Vielleicht hat er dich nicht gesehen."

„Bist du dir ganz sicher, dass jemand im Auto sitzt?"

„Ich glaube schon, dass ich mir sicher bin, Ramu…", sagte der Vater lächelnd.

Sie kehrten um und betraten des Onkels Dorf. Der Onkel war umgeben von der Tante und ihren Kindern und ihren Ziegen und zwei Hunden.

„Onkel hat Rückenschmerzen", sagte die Tante.

„Und einen argen Husten."

„Und seine Gelenke werden immer steifer."

„Und mein ganzer Körper schmerzt", vervollständigte Onkel Lhakpa die Liste seiner Gebrechen und nahm einen langen Zug von seiner Zigarette.

„Nun ja, du wirst nicht jünger", beurteilte Ramus Vater die Lage.

„‚Du wirst nicht jünger'…? Was meinst du damit?", erkundigte sich Ramu.

„Äh… ‚du wirst nicht jünger' heißt… ‚Du wirst nicht jünger.' Das kann man nicht besser ausdrücken", erklärte sein Vater.

„Oh", erwiderte Ramu und versuchte, den Vater zu verstehen.

Die Tante bereitete eine Süßigkeit und heißen, salzigen Bergtee und Ramu spielte mit den Kindern der Familie. Lange vor Sonnenuntergang kletterten Vater und Sohn nach Merangdi zurück.

ॐ

Eines Morgens erschien ein Kind und berichtete, Onkel Lhakpa sei krank.

„Krank — wie krank?", fragte Ramus Vater alarmiert.

Das Kind sagte: „Nun… krank. Er liegt auf dem Bett."

„Und was sagt er selbst?"

„Nichts, er stöhnt nur, und die Tante hat gesagt: ‚Geh und sag unserer Familie, dass Onkel Lhakpa sehr krank ist.‘ "

„Oh, *sehr* krank? — Dann müssen wir alle sofort aufbrechen!"

Ramus Vater und Mutter, mehrere Tanten und Onkel und zahlreiche Neffen und Nichten zogen hinunter, sogar Tara aus dem Nachbardorf kam mit. Onkel Lhakpas Augen waren geschlossen. Sein Mund zuckte ein wenig. Er atmete schwer.

„Warum hält Onkel seine Augen geschlossen?", erkundigte sich Ramu.

„… weil … er sehr, sehr müde ist", wisperte ihm sein Vater zu.

„Warum? Es ist doch erst Mittag", beharrte Ramu.

Nach einer Weile sprach der Vater in einer festen, ruhigen Stimme, laut genug, dass ihn jeder hören konnte: „Onkel Lhakpa hat sein Leben lang gearbeitet. Er hat viele Kinder aufgezogen und ist immer ein guter Mann gewesen, der anderen geholfen hat, ein gutes Leben zu führen. Er hat es verdient, sich lange, lange auszuruhen."

„Er ist schon ganz ruhig geworden", verkündete Ramu
freudig. „Schau!" Onkel Lhakpa hatte aufgehört zu atmen. Er
sah so friedlich aus.

Ramu verstand nicht, warum Tara in Schluchzen aus-
brach. Wissen kleine Mädchen mehr als Jungen, die schon fast
sieben Jahre alt sind?

Der Vater führte Ramu und Tara nach draußen und begann, ihnen eine Geschichte von Onkel Lhakpa zu erzählen,
dann noch eine und eine dritte, während sie langsam im mil-
den Nachmittagslicht nach Hause wanderten.

9

Ramu fährt zum Arzt in die Stadt

Ramu wachte mit Magenschmerzen auf. ‚Oh weh', dachte er, ‚wieder diese Schmerzen.' Sein Magen hatte zwei- oder dreimal zuvor weh getan, doch gingen die Schmerzen nach einer Weile vorbei. Würde das auch heute geschehen?

Ramu setzte sich auf und beobachtete seine Schmerzen eine Zeitlang. Nein, sie wurden nicht weniger. Er spürte, wie sie sich über den Körper ausbreiteten.

‚Nein!', dachte Ramu, ‚werde ich wirklich richtig krank?'

‚Mit diesen Schmerzen kann ich nicht rennen. Ich kann nicht schreien und mit meinen Freunden spielen. Kann nicht mit zufriedenem Gefühl essen, kann nicht meinem Vater in den Ohren liegen, wenn ich was haben will. Ich kann mit diesen dummen Schmerzen nicht einmal schlafen. Wofür sind sie gut?'

„Er muß zum Arzt gehen", verlangte der Großvater.

„Ja, wir suchen den Arzt in Salléri auf", bestimmte Ramus Vater. Er schaute besorgt aus.

„Wir fahren in die Stadt?", rief Ramu aus. „Oh, das ist großartig, wirklich! … Aber warum zum Arzt?"

„Er muß dich untersuchen und herausfinden, wo deine Schmerzen herkommen."

„Das kann ich dir sagen! Sie kommen vom Magen, von dieser Stelle." Ramu legte seine flache Hand oberhalb des Nabels.

„Aber es gibt so viele Dinge in deinem Körper, Ramu, die wir nicht sehen und verstehen. Nur die Ärzte wissen, was in dir vorgeht.“

„Aber ich bin noch nie in der Stadt gewesen, noch nie bei einem Arzt. Wie kann er wissen, was in mir vorgeht?“ Ramu wurde launisch, und er drückte seine Hand gegen den Magen.

„Der Arzt stellt dir ein paar Fragen. Du beantwortest sie und dann weiß der Arzt, wo die Schmerzen herkommen“, versuchte der Vater zu erklären. „Was in dir vorgeht, das geht auch in mir und in jedem Menschen vor.“

„Aber du hast keine Schmerzen, die habe ich, *Baba*. Habe ich also mehr in meinem Magen als du?“

„Vielleicht hast du Recht“, gab der Vater nach. „Wie dem auch sei, morgen fahren wir zusammen zur Stadt. Kannst du bis morgen früh warten?“

༄

Am nächsten Morgen zog Ramu ein nettes hellblaues Hemd an und saubere kurze Hosen. Sein Vater hatte in kaltem Wasser gebadet und seine Haare sorgfältig gekämmt. Sie machten sich auf, zuerst zur Straße und zur Bushaltestelle. Der Bus kam so schnell an, dass Vater nicht einmal Ramu alles über Salléri erzählen konnte. „Nun“, sagte er, „es ist nicht wirklich eine Stadt, sondern vielleicht ein großes Dorf. Es hat eine Bank und ein Postamt und einen Arzt. Darum nennen die Leute es eine Stadt.“

Salléri kam viel zu schnell. Ramu und sein Vater stiegen aus und Ramu schaute sich mit großen Augen um und um. „Das also nennt man eine Stadt, *Baba*?“, fragte er.

„Warum? Schau dich um", sagte der Vater, „so viele Läden, so viele Dinge zu kaufen! *Amma* will, dass wir ein paar
Früchte mitbringen. Die können wir später kaufen."

Ramu sagte nichts. Schließlich fragte er: „Wo ist der Arzt?
Sitzt er in einem dieser Lädchen?"

Der Vater nahm Ramus Hand und sie betraten eines der
großen Steingebäude, das sogar ein Namensschild auf der Vor-
derseite hatte. Sie kamen in einen Raum, in dem ein paar Leute

schweigend saßen. Der Vater sagte etwas zu einer Frau hinter einem Tischchen. Sie wies auf einen leeren Stuhl. Er setzte sich hin und nahm Ramu auf seinen Schoß.

Als sie nach einer langen Wartezeit aufgerufen wurden, zögerte Ramu, mit dem Vater ins Arztzimmer zu gehen. Er wisperte in sein Ohr: „Aber *Baba*, ich muss diese neuen Onkel und Tanten im Raum beobachten. Vielleicht sehe ich sie nie wieder."

„Schhh", sagte sein Vater. „Du wirst noch viele neue Onkel und Tanten kennenlernen…"

„Aber *diese*…?"

Sein Vater zog Ramu weg ins Zimmer, und der Arzt, ein großer, freundlicher Mann, grüßte sie.

„Ich heiße Ramu", sagte der Junge mutig, „und ich habe Magenschmerzen hier an dieser Stelle."

Der Arzt bat, er solle sein Hemd ausziehen. „Kannst du jetzt tiefer in mich hineinschauen?", fragte er scheu.

„Nein, Ramu", sagte der Arzt. „Bleib still sitzen." Der Mann drückte einige Stellen und fragte: „Tut es weh? … Jetzt? … Jetzt?" Ramu sagte jedes Mal: „Nein".

Der Arzt fragte den Vater, was sein Sohn zuhause esse und wann der Schmerz angefangen habe.

Schließlich verordnete der Arzt: „Ramu muss jeden Tag ein Glas warme Milch trinken, mit etwas Zucker. Und nimm diese Tabletten, jeden Abend eine nach der Mahlzeit. Komm nach einem Monat wieder. — Der nächste bitte!"

Der Arzt schaute auf den nächsten Patienten, der schon eintrat.

„Soll ich nicht Auf Wiedersehen sagen?", fragte Ramu.

„Nein, nein, er ist beschäftigt, das siehst du doch", flüsterte sein Vater.

„Zu beschäftigt, um ‚Auf Wiedersehen' zu sagen?" Beschämt hielt der Vater die Hand vor Ramus Mund. Er bezahlte der Frau hinter dem Tischchen etwas und sie gingen auf die Straße.

Ramu beklagte sich: „Du hast mir beigebracht, jedem ‚Auf Wiedersehen‘ zu sagen. Zuerst ‚Guten Morgen‘ und dann ‚Auf Wiedersehen‘. Oder war's umgekehrt?“

„Du hast Recht, Ramu, vollkommen Recht“, sagte sein Vater betreten.

„Und er hat nicht einmal in mich hineingeblickt“, sagte Ramu enttäuscht.

„Aber seine Tabletten werden dir helfen, warte ab.“

„Die Tabletten! Wo sind sie?“

„Du hast sie in deine Tasche gesteckt, Ramu … schau nach!“

Ramu durchsuchte seine Hosentaschen. Er entdeckte nur ein kleines Loch.

„Die Tabletten sind gewiss durch das Loch gerutscht“, sagte Ramu mit nur ein wenig Bedauern.

„Komm, wir gehen zurück zum Arzt und kaufen die Tabletten noch einmal“, schlug der Vater vor.

„*Baba*! Wir kehren zuerst nach Merangdi zurück. Dort ist die Bushaltestelle.“

„Willst du nicht wenigstens diese hübschen Geschäfte anschauen? So viele Sachen … schau einmal!“

„Werden die Läden nicht auf uns warten, bis wir einmal zurückkommen? Heute sehe ich sie mir aus der Ferne an, das nächste Mal gehe ich vielleicht etwas näher.“

Sie kauften also nur einige Orangen und Bananen und fuhren im nächsten Bus zurück.

10

Wie Ramu und Tara entdecken, dass das Leben kein Spiel ist

Früh am Morgen weckte *Amma* Suman und Kedar auf und sagte: „Es ist Zeit." Sie hatte keine Uhr, aber sie wusste immer, wann "es Zeit ist". Ramu fragte sie, woher sie die Zeit wisse. Mutter zuckte mit den Schultern und antwortete mit einem Lachen: „Was wissen kleine Jungen wie du von der Zeit? Du hast den ganzen Tag für dich." Ramu war nicht zufrieden damit, er fühlte sich ausgeschlossen. Wenn Mutter seine Brüder rief, stand auch er auf. Und wenn seine Brüder sich noch einmal umdrehten, um ein wenig weiterzuschlafen, warf sich Ramu auf sie und sagte: „Habt ihr nicht gehört, was Mutter gesagt hat?"

„Schon gut, schon gut", murrten sie. „Wenn wir nur ein bisschen später aufstehen, ist immer noch Zeit genug." Aber Ramu mochte keine Faulheit hinnehmen. Er schwatzte mit Suman und Kedar, um sie daran zu hindern, wieder einzuschlafen.

Er fragte: „Kommt ihr schon mal zu spät in die Schule?"

„Wir? Natürlich nicht, Ramu, nie!", sagten beide entrüstet.

„Und euer Lehrer schimpft euch niemals aus?"

„Gewiss nicht, warum auch?", sagten sie einträchtig.

„Schlaft ihr beim Unterricht nie ein?"

„Einschlafen? Ramu! Das können wir uns nicht einmal vorstellen!"

„Aber ich schlafe manchmal ein, wenn die Ziegen auf der Weide äsen. Ich liebe es, unter ihnen ein Nickerchen zu machen."

„Nun, Ramu, warte noch ein Jahr, bis du mit uns nach Kerung gehst. Dann verstehst du, dass das Leben kein Spiel ist."

„*Warum* ist das Leben kein Spiel?", fragte Ramu ungeduldig.

„Warte ab", verkündeten die Brüder mit der lässigen Autorität von älteren Brüdern.

Nachdem Suman und Kedar zur Schule gegangen waren, pfiff Ramu durch die Zähne, versammelte die jungen Ziegen und führte sie auf die Weideplätze. Jeden Tag suchte er ein neues Fleckchen, wo das Gras noch hoch und dicht war. Er suchte mit einem so großen Ernst, als würde das Leben von einigen Mundvoll von saftigem Gras abhängen.

Heute wählte Ramu einen Flecken in der Nähe von Taras Dorf aus, weil er hoffte, sie zu treffen. Tatsächlich, da hockte sie unter einem breiten Baum mit großen Blättern, als ob sie auf ihn warten würde.

„Guten Morgen, Tara", rief er fröhlich. „So früh am Morgen ruhst du dich schon aus?"

„Was soll ich denn machen?"

„Du hast Glück", sagte er, „ich habe mit den Zicklein alle Hände voll zu tun. Warte, bis du so alt bist wie ich. Dann kannst du dich auch vor Arbeit nicht retten."

„Aber ich bin nur ein wenig jünger, vielleicht ein Jahr."

„Oder zwei Jahre … das ist eine Menge Zeit. — Egal, ich will dir was erzählen, Tara…", fing Ramu umständlich an. Er erzählte ihr von dem Gespräch am Morgen. „*Warum* ist das Leben kein Spiel, Tara?"

Tara dachte nach und sagte dann: „Ich darf nicht einmal die Ziegen auf die Weide führen. Wie soll ich das wissen!"

„Aber möchtest du es nicht wissen?"

„Doch…, aber vielleicht müssen wir noch eine Weile warten. Ist es nicht wert, auf so eine wichtige Antwort ein paar Jahre zu warten?"

„Aber zu warten ist Faulheit. Ich will nicht faul sein wie Suman und Kedar."

Ramu und Tara saßen unter dem Baum mit den großen Blättern und unterhielten sich, während die Zicklein verstreut ästen. Schließlich machte Tara einen mutigen Vorschlag, und Ramu rief sofort: „Oh gut, das machen wir!"

Am nächsten Morgen gab Ramu die Zicklein in die Obhut des Vaters und lief davon, um Tara dort, wo ihr Dorfweg und seiner sich kreuzten, zu treffen. „Lasst uns schneller gehen", sagte er und sprang voraus, ohne sich umzublicken, ob Tara folgen konnte. Nach einer Weile hielt er an, drehte sich um und bedeutete Tara, ganz still zu sein. Er zeigte nach vorn und flüsterte: „Da gehen sie. Wir wollen ihnen aus der Entfernung folgen."

Sie gingen heimlich hinter Suman und Kedar her. Ramu kannte den Weg nach Kerung nicht, er wusste nicht einmal, wie weit es war. Macht nichts! Sie folgten den beiden Jungen und kicherten verschwörerisch. Der Weg führte immer steiler abwärts. In der Nähe des Baches drehte er sich nach Westen und wandte sich wieder aufwärts. Büsche und Bäume standen am Weg und immer mehr Jungen und Mädchen wanderten auf demselben Weg, sie alle schwatzten vergnügt und stritten über ihre Hausaufgaben.

Beinahe zwei Stunden brauchten sie bis zur Schule. Ramu bekam es ein wenig mit der Angst zu tun, als er merkte, wie weit sie sich von Zuhause entfernt hatten, ohne Mutter Bescheid zu sagen. Er musste auch Tara schützen. Er hielt ihre

Hand fest in seiner, um sich selbst und ihr klar zu machen, dass er sie beschützte. Vom Rand des Schulhofs beobachteten Ramu und Tara genau, was sich ereignete.

Die Schule in Kerung hatte nur zwei Zimmer, eines für die jüngeren, ein zweites für die älteren Schüler. Sie hatte zwei Lehrer angestellt, beide junge Männer, die lange Stöcke in der Hand hielten. Eine Menge Jungen und Mädchen hatten sich lärmend vor dem Schulgebäude versammelt und sich in mehreren langen Reihen aufgestellt. Plötzlich wurden alle still. Dann riefen sie gemeinsam etwas, während die Lehrer, die Stöcke in der Hand, vor ihnen standen und streng dreinschauten.

„Wie grimmig sie aussehen", wisperte Tara.

„Was haben sie wohl geschrien?"

„Ein Gebet?"

„Mag sein. Aber Mutter spricht zu Herrn Buddha still, sie bewegt nur die Lippen."

„Schau, jetzt gehen sie alle hinein."

„Jetzt hört man die Lehrer sprechen."

„Hast du diesen Knall gehört? Hat ein Lehrer seinen Stock auf den Tisch geschlagen?"

„Nein, er hat einen Jungen geohrfeigt. Ich höre ihn weinen."

„Jetzt sagen sie wieder zusammen etwas. Vielleicht aus einem Buch?"

„Nein, sie lesen etwas von der Wandtafel ab", berichtete Ramu, der näher ans Fenster getreten war, um einen Blick hineinzuwerfen.

Ramu und Tara beobachteten weiter. Aber als sie hungrig und durstig wurden, entschlossen sie sich umzukehren.

„Also *warum* ist das Leben kein Spiel?", flüsterte Tara, obwohl sie nicht mehr leise zu sprechen brauchte.

„Ich habe Hunger", bemerkte Ramu, „und wir haben einen langen Heimweg."

„Weißt du den Weg zurück?", fragte Tara.

„Ich glaube schon", sagte Ramu ohne seine übliche Zuversicht.

„Zusammen kehren wir schnell und sicher zurück", entschied Tara mit fester Stimme.

„Das Leben ist kein Spiel, zusammen geht's leichter!", rief Ramu, und beide brachen in Lachen aus.

Ein Weg

11

Der Baum, der etwas sagen will

Wie halten sich die Dorfbewohner während der langen und eisigen Winter warm? Sie entzünden ein Holzfeuer, setzen sich im Kreis und strecken die Hände zu den Flammen hin. Die Mütter kochen, während sie ihre Babys im Arm wiegen, die Reismahlzeiten über demselben Feuer. Wie behaglich und entspannt sind diese Stunden am Kochfeuer, endlos scheinen sie sich auszudehnen. Familiengeschichten und Dorftratsch fliegen von Mund zu Mund, aber ist Schweigen nicht die beste Antwort auf das Knistern des Holzfeuers?

Die Dorffrauen reißen die trockenen Äste und Zweige von den Bäumen, sammeln welkes Laub und ziehen abgestorbenes Gesträuch und tote Wurzeln aus dem Erdboden, um das Winterfeuer in Gang zu halten. Von Zeit zu Zeit muss allerdings ein Baum gefällt werden. Rund um Merangdi wachsen verstreut Bäume, aber unten in der Nähe des Baches und in den geschützten Erdfalten auf den Hängen sind die Wälder dicht und manchmal undurchdringlich. Wilde Winde fegen am Jahresende über die Hänge, die Gebirgsbäume bleiben zerzaust und zottelig zurück.

Wenn die Männer die Axt hervorholen, um einen Baum zu fällen, versammeln sich die Kinder, Ramu eingeschlossen, aufgeregt. Welch ein Spektakel, wenn ein großer Baum zu Boden stürzt! Die Menschen bilden einen weiten, respektvollen Kreis und feuern die Männer an, die abwechselnd die Axt mit mächtigen Hieben gegen den Stamm schleudern. Nach einer Zeit halten sie ein und besprechen, nach welcher Seite der Baum fallen soll. Sie werfen ein Seil in die oberen Äste und mehrere Männer ziehen den Baum in die gewünschte Richtung. Dann setzen die Axthiebe wieder ein.

Dieses Mal saß Ramu still ein paar Schritte abseits von den anderen Kindern und beteiligte sich nicht an den lauten Zurufen.

„Der Baum seufzt. Kannst du es auch hören?", fragte er Tara, die er zu sich winkte.

„Seufzt??", sagte sie verblüfft.

„Hör zu, höre einmal genau zu…"

Tatsächlich, zwischen den Axtschlägen kam ein schwaches Rumpeln und Rollen, von den Wurzeln bis zum Wipfel durchlief ein Zittern den Baum.

„Was will der Baum sagen?", fragte Tara.

„Er will uns etwas sagen. Niemand hört zu. Warum hört niemand zu?"

„Alle lauschen den Schlägen der Axt."

„Wir müssen sie bitten, einzuhalten und hinzuhören!"

„Sag du es ihnen!"

„Nein, tu du es!"

„Wir sagen es ihnen gemeinsam."

Sie rannten in den Kreis und riefen laut, sie sollten einen Moment aufhören. Der Mann, der die Axt schwang, ließ sie überrascht fallen. Andere versuchten ängstlich, die beiden Kinder zurückzudrängen. Der Baum könnte sie treffen. Doch Ramu und Tara hielten sich bei der Hand und traten noch näher an den Baum heran. „Könnt ihr es nicht hören?", schrien sie.

„*Was* hören?"

„Das Seufzen des Baums… Er will euch etwas sagen."

„*Was??*"

Die Männer versammelten sich um die Kinder.

„Bäume reden nicht", sagte ein Onkel mit einem Lachen.

„Hört zu! Hört mal zu. Dann hört ihr es auch", sagte Ramu.

Die Männer standen herum und lauschten. Einer machte eine ungeduldige Geste. „Hört dem Baum zu!" Tara hatte eine feste, klare Stimme. Dann war er zu hören… ein Laut von splitterndem Holz, ein Reißen, Zerren und Bersten … ein entsetzliches Geräusch, so voll von … — wovon?

Tara sagte: „Hört ihr nicht den Schmerz des Baums? Könnt ihr ihn nicht alle hören?"

Die Männer standen da: belustigt und fassungslos. Sie warteten auf das Ende dieses kleinen Dramas, damit sie ihre Arbeit fortsetzen konnten. Sie schauten sich gegenseitig an. Der Mann legte schließlich die Axt zur Seite. Das Seil glitt von den oberen Ästen herab. Einer nach dem anderen setzten sich die Männer unter dem Baum hin, sie wussten nicht, was sie tun sollten. Auch sie hörten das Seufzen. Es war da; es war dagewesen, als sie früher Bäume fällten. Doch damals hatten sie nicht zugehört. Sie hatten weitergearbeitet, denn nach diesem Job gab es andere Arbeit. Das Holz musste zersägt werden. Die guten Teile wurden zu Brettern verarbeitet, mit denen sie ihre Häuser reparierten. Der Rest war Brennholz und wurde unter den Familien verteilt. Die Dorffrauen würden bald mit ihren Kiepen kommen, um das zerkleinerte Holz mitzunehmen.

„Erinnerst du dich, dass wir im Frühling unter diesem Baum gesessen haben?", fragte Ramu und blickte auf Tara. „Ich habe meine Zicklein geweidet und du hast mich plötzlich entdeckt und kamst zu mir, um hallo zu sagen."

„Ja, du warst unter dem Baum eingeschlafen. Ich erinnere mich. Ich berührte dich an der Schulter und du bist erschrocken aufgewacht. Dein Gesichtsausdruck war so lustig! Du hattest gedacht, ein Vogel hätte etwas auf dich fallen gelassen."

Während die beiden Kinder miteinander sprachen, begannen auch andere Kinder ihre Erinnerungen auszutauschen. Einmal war eine Schaukel an einem kräftigen, niederen Ast befestigt worden, und jeden Morgen waren sie zu dem Baum hinausgeschwärmt, um sich beim Schaukeln abzuwechseln. Leider brach der Ast nach einigen Monaten ab.

Ein andermal war Onkel Bhalas Sohn in den Baum gestiegen, um sich zu verstecken. Er hatte schlechte Noten in der Prüfung bekommen und war nun voller Angst, daß er vom Vater Prügel bekommen würde. Den ganzen Nachmittag waren sie auf der Suche nach dem Jungen gewesen. Der Onkel fing an, um seinen Sohn zu weinen. Als der davon erfuhr, gab er sein Versteck preis und verlangte von dort oben: Du darfst mich nicht schlagen! Erst als es ihm der Onkel laut versprach, kletterte er herunter.

Ein recht kleiner Junge war in den Baum geklettert und konnte nicht mehr heruntersteigen. Je mehr er es versuchte, desto verängstigter wurde er. Er begann zu heulen und rief um Hilfe. Der längste Mann im Dorf wurde herbeigerufen, damit er sich neben den Stamm stellte. Der Junge stieg auf dessen Schultern und er wurde sanft heruntergeholt.

Es gab weitere Geschichten. Auch die Erwachsenen erinnerten sich.

„… und jetzt fällen wir diesen Baum…"
Einer der Männer sagte es.

Während sie sich noch unterhielten und den Job, für den sie gekommen waren, vergaßen, schwoll das Seufzen des Baums plötzlich zu einem Zischen an. Die Menschen sprangen auf. Einer schrie: „Aus dem Weg. Schnell, *schnell!*"

Der Baum hatte sich zu einer Seite geneigt und konnte jeden Moment fallen. Mit Geschrei rannten die Kinder davon und die Männer folgten ihnen. Aus sicherer Entfernung beobachteten sie, wie sich der Baum immer tiefer neigte und mit einem gewaltigen Schlag zu Boden krachte.

Aber niemand meinte, das sei ein Spektakel gewesen.

12

Onkel Bhala fährt nach Dubai

Seit einigen Tagen war das Haus voll Gemurmel und kleinen Seufzern und unglücklichen Blicken. Selbst die Onkel und Tanten, die Neffen und Nichten in der Nachbarschaft waren verwandelt. Sie trafen sich mehrmals am Tag, einmal in diesem Haus, dann in jenem. Es gab ein ständiges Kommen und Gehen. Einige schwatzten mehr als sonst, andere waren schweigsam geworden. Niemand kümmerte sich recht um Ramu und die anderen Kinder. Ob sie ihre Zähne geputzt haben, ob sie zu Mittag gegessen haben — niemand fragte nach. Ramu war verstört, doch er fürchtete sich nachzufragen. Es war nicht die Geburt eines Kindes, denn dann hätten alle fröhliche Gesichter gezeigt. Irgendein Unglück muss geschehen sein.

Kleider wurden auf einen Haufen geworfen. Eine Tante rannte mit geröteten Augen und triefender Nase von einer Ecke des Hauses zur anderen. Ramu starrte sie an. Was war mit ihr geschehen? Dann erschien Onkel Bhala und stand einen Moment vor jedem und nuschelte etwas. Ramu hatte Angst, näher heranzugehen, um die Worte zu verstehen. Wie er dort stand, ohne jemanden zu berühren, ohne auch nur ein kleines Lächeln zu zeigen, das war nicht der Onkel Bhala, den Ramu kannte.

Plötzlich begriff Ramu. Onkel Bhala nahm Abschied. Andere Onkel und Tanten hatten Merangdi schon vor Jahren verlassen. Sie waren weggefahren und nicht zurückgekehrt. Noch nicht. Ramu hatte erfahren, dass sie Nachrichten schickten, sie hatten sogar Verwandte in der Stadt angerufen, aber nach Hause waren sie nicht zurückgekehrt.

Ramu konnte seine Tränen nicht zurückhalten. Er weinte laut und heftig, und die ganze Nachbarschaft hörte es.

Onkel Bhala eilte hinüber zu Ramu und versuchte, ihn auf den Arm zu nehmen. Doch Ramu kämpfte zappelnd dagegen.

„Weine nicht, Ramu, kleiner Ramu, nicht weinen."

„Wo gehst du hin?"

„Nach Dubai, Ramu, weine nicht."

„Ist das sehr weit?"

„Nein, nein…, nicht *sehr* weit. Ich bin bald wieder zurück."

„Wie die anderen?"

„Nein, früher, viel früher, kleiner Ramu."

„Sie sind nicht zurückgekommen, du wirst auch nicht kommen… Vielleicht bin ich dann schon ganz groß. Ich werde dich nicht wiedererkennen. Ich werde mich nicht einmal an deinen Namen erinnern. Werde irgendwo in eine Schule gehen, vielleicht bei einer Tante weit weg in der Stadt wohnen. Nichts wird wie heute sein. … Komm besser nicht zurück. Komm nicht zurück, Onkel Bhala, ich habe Angst."

Die Familie stand still im Kreis um Ramu. Sie wussten nicht, was sie sagen sollten. So hatten sie Ramu nie zuvor gesehen.

Amma kam und legte die Hand auf Ramus Stirn. Nein, er hatte kein Fieber. Er weinte aus Trauer. Andere Kinder hatten sich versammelt, und als sie Ramu hörten, flossen auch ihre Tränen. Ihr Geheul tönte durch die Nachbarschaft.

Die majestätischen Felsen warfen das Echo ihres Elends zurück. Da standen und starrten sie und wiederholten die Klagen der Kinder.

Ramu sagte laut und versteckte sein Gesicht in der Schürze der Mutter: „Onkel wird mir keine Geschichten mehr erzählen. Onkel geht nicht mehr zum Fischen im Bach. Onkel wird mir niemals mehr erlauben, auf seinen Schultern zu reiten. Onkel und ich werden niemals mehr zusammen Seile für die Ziegen drehen. Wir sitzen niemals mehr im Winter am Feuer. Ich weiß es. Lüge nicht! Er wird nicht zurückkehren, bevor ich sehr, sehr alt bin."

Onkel Bhala sagte hilflos: „Komm bis Ghunsa mit mir, Ramu. Ich kaufe dir einen Becher Eis."

„Ich will kein Eis. Ich möchte meinen Onkel. Ich gehe nicht nach Ghunsa. Ich will, dass du bei mir bleibst."

„Aber wer soll seine Kinder ernähren, und die Tante und die Schwester?" rief Mutter.

„Sie können mein Essen bekommen. Ich kann eines meiner Zicklein verkaufen. Ich gehe fischen. Ich tu alles!"

„Lass also Onkel Bhala kurz wegfahren, er kommt sofort zurück, okay?"

„Nein", befahl Ramu. „Er muss bleiben…, lüge mich nicht an."

Während die Familie versuchte, Ramu zu beruhigen, luden zwei Träger das Gepäck auf ihre Rücken und die Frauen stopften immer noch mehr in die Bündel hinein. Onkel Bhalas Frau passte auf, dass nichts vergessen wurde. Sie befahl den Trägern, die Bündel ganz fest zu schnüren, so dass nichts herausfallen konnte. Die Tante lief immer noch geschäftig hierhin und dorthin, denn sie wollte nicht in Tränen ausbrechen.

Tara hatte unter den Kindern gestanden und auch geweint. Sie war stiller als die anderen, weil sie versuchte, Ramu auf sich aufmerksam zu machen. Als er schließlich ins Haus floh, um den Abschied nicht zu erleben, rannte sie hinterher. Mit dem Gesicht nach unten lag er auf dem Bett und schluchzte.

„Ramu", sagte sie, „ich bins."

Ramu drehte sich zu ihr. „Wo bist du gewesen? Ich habe dich vermisst."

„Ich habe mit den anderen Kindern geweint."

„Du bist nicht zu mir gekommen… Warum?"

„Jetzt bin ich bei dir. Von jetzt an wollen wir uns Geschichten erzählen. Wir gehen zusammen fischen, wir machen

Seile für unsere Ziegen. Zusammen reiten wir auf einem großen Stein, und ich sage dir, in welche Richtung der Stein marschieren soll, nach oben oder nach unten, rechts oder links."

„Du bist nicht Onkel Bhala."

„Aber ich bin Tara."

Menschen im Gebirge

13

Herr Buddha pflanzt einen Stern auf Ramus Stirn

Ramu hatte einen Kummer, der schwer zu überwinden war. Er hatte ein Muttermal genau auf der Mitte der Stirn. Es war seit seiner Geburt da, doch als er aufwuchs, entstand daraus eine kleine Beule und sie wurde glänzend rot. Ramu konnte sie nicht sehen und er betrachtete sich niemals im Spiegel. Gab es überhaupt einen Spiegel im Haus? — Ja, da gab es ein rundes Spiegelchen, das die Frauen in die linke Hand nahmen, wenn sie ihr Haar kämmten, und das dann auf irgendeinem Regal verschwand.

Ramu machte die Beule nichts aus, doch die Dorfkinder zeigten darauf und tuschelten darüber. Einige munkelten, es sei ein böses Zeichen — vielleicht eine Hexe, die ihre Nase heraussteckte, haha?

Mutter nahm Ramu auf den Schoß, strich sanft über die Beule und tröstete ihn. „Tut sie weh?", fragte sie.

„Nein, sie tut mir kein bisschen weh. Sie ist nur da, wenn ich sie mit meinen Fingern berühre."

„Berühre sie also nicht, Ramu, dann ist die Beule verschwunden", schlug Mutter vor, als sie die Beule mit einer raschen Bewegung in die Luft warf.

„Aber diese dummen Kinder bringen sie wieder zurück", klagte er. „Sie zeigen auf mich und lachen mich aus und ärgern mich mit ihren Sprüchen."

„Sie sind noch Kinder, Ramu. Was wissen sie schon?"

„Ich bin auch ein Kind, und ich weiß eine Menge."

„Gewiss, gewiss…", räumte seine Mutter ein. „Wenn sie dich wieder hänseln, kannst du … kannst du …" — seine Mutter war sich unschlüssig, welchen Rat sie geben sollte.

„Einen Stein nach ihnen werfen? Damit sie auch eine Beule am Kopf bekommen?", fragte Ramu.

„Nicht doch, nicht doch!" Mutter lachte und weinte gleichzeitig.

„Sie mit einem Stock angreifen?"

„Ramu!"

„*Amma*, das war ein Witz."

„Am besten drehst du dich um und lässt sie allein."

„Mit wem soll ich dann spielen? Ich brauche Freunde, damit ich fröhlich bleibe."

Mutter seufzte und fand keine Antworten mehr.

Ramus Vater schlug vor, mit ihm nach Salléri zum Arzt zu fahren. „Erinnerst du dich, als du Magenschmerzen hattest, haben wir ihn besucht."

Wieder war Ramu dagegen. Die Beule gab es nicht einmal. Wie konnte ein Arzt eine nicht-vorhandene Beule heilen?

Oder sollten sie zur Wunderheilerin ins nächste Dorf gehen? Sie ist eine weise, alte Frau. Sie weiß wahrscheinlich über Muttermale und Beulen auf der Stirn kleiner Jungen Bescheid.

„Die weise alte Frau wird dir alles über Dinge erzählen, die die Menschen sehen, obwohl sie gar nicht vorhanden sind. Das ist ihre Spezialität", sagte Ramus Vater.

Doch Ramu wollte nichts davon wissen.

∽

Als ein paar Tage später Ramu mit den Kindern spielte, gesellte sich auch Tara dazu. Sie war das einzige Mädchen, das es wagte, in den Kreis der Jungen zu treten und zu sagen: „Ich gehöre dazu, kommt, spielen wir zusammen." Die Jungen beäugten sie ein wenig und sagten dann unternehmungslustig: „Okay, komm mit, wir spielen Räuber und Gendarm."

Tara hatte die Bemerkungen über Ramus Beule mehrmals gehört und sie wusste, wie sehr sie Ramu reizten. Tara beteiligte sich nie an dem Gerede, aber sie protestierte auch nicht. Sie war doch viel jünger als die anderen.

An jenem Tag aber, als das Spiel vorbei war und sie zusammensaßen, um zu Atem zu kommen, sagte sie: „Ramu, du siehst so gut aus mit dem Stern auf deiner Stirn. Hat Herr Buddha ihn vielleicht persönlich vom Himmel gepflückt und auf deine Stirn gepflanzt? Du bist gesegnet, Ramu."

Jetzt starrten die Jungen, zuerst auf das kesse junge Mädchen und dann auf Ramu! Alle wunderten sich über diese Worte und blieben stumm.

Nach einem langen Schweigen schlug ein Junge vor: „Vielleicht war es ein heiliger Mann aus unserer Gegend, ein *Bodhisattva*, vielleicht war es…"

Da wusste Tara, dass sie gewonnen hatte, und sie warf Ramu heimlich einen glücklichen Blick zu. Er schien noch verwirrt. „Aber… aber…", begann er entgeistert. „Die Beule existiert nicht. Ich sehe sie nicht, ich spüre sie nicht. Wie kann sie ein Stern sein?"

„Ramu", sagte Tara mit gespielter Entrüstung, „einen Stern kann man nur bei Nacht sehen. Deiner ist ein Stern bei Tag. Wusstest du das nicht?"

ॐ

14

Wage nicht, meine kleine Schwester zu töten, sagt Tara

Suman und Kedar zielten mit ihren Schleudern schrecklich gern auf irgendwelche Dinge. Zuerst waren es Felsen und Baumstämme und dann Steine, die sie in die Luft warfen. Aber nach einiger Zeit befriedigte sie auch das nicht mehr. Kedar schlug vor, Vögel zu jagen. Das wäre doch viel aufregender. Doch Suman, der älteste Bruder, widersprach furchtsam: „Wird *Baba* uns nicht ausschimpfen? Manchmal wird er so rasch zornig.“

„Was kann er dagegen haben, wenn wir ein paar Leckerbissen zusätzlich auf unsere Teller legen?“

„Aber die Vögel…, wenn sie…“, begann Suman zögernd. Er wollte danach fragen, was geschehen würde, wenn die Vögel nicht von einem einzigen Stein sterben. Er wusste, Kedar würde ihn auslachen und ihm sagen: Dreh ihnen das Genick um. Wären sie dazu fähig?

Die Bruder hielten Ausschau nach Vögeln. Neugierig, wie er war, folgte Ramu ihnen.

„Schuuu!“, sagte Kedar. „Das ist nichts für kleine Jungen. Geh ins Haus und hilf deiner Mutter beim Kochen.“

„Ich bin sechs, vielleicht bald schon sieben Jahre“, sagte Ramu stolz. Kedar lachte nur.

„Nächstes Jahr gehe ich zur Schule, wie du“, beharrte Ramu entrüstet.

Ramu versteckte sich hinter einem Baum in der Nähe und wartete ab. Bald hatten Kedar und Suman ihren jungen Bruder vergessen und erörterten, welche Vogelart wohl am leichtesten zu schießen sei. Sie entschieden sich für Tauben, ihr Fleisch sei auch wunderbar, sagt man.

„Sie sind dick, sie fliegen nur langsam auf, wenn sie Gefahr spüren. Tauben sind einfach dumm. Die kriegen wir mit *einem* Schuss!", prahlte Kedar.

Sie malten sich aus, wie sie heimkehren würden, jeder mit einem Vogel in der Hand, wie sie dem Vater und der Mutter die Beute zeigten und sagten: Sieh mal, was wir fürs Abendessen mitgebracht haben!

Ramu belauschte ihre geflüsterten Gespräche. Die Sonne schien und spielte warm auf seinem Gesicht. Er fühlte sich so wohl, dass er einnickte.

Plötzlich hörte Ramu einen Schrei und wachte entsetzt auf. Kedar lief nach vorn, doch der Vogel, auf den er gezielt hatte, flatterte unverletzt davon. „Wir müssen besser treffen", sagte er Suman. Die nächsten Tage übten die beiden Brüder. Sie zielten auf Äste und wählten immer dünnere aus und stellten sich immer weiter davon auf. Sie wurden besser. Suman wurde leichtsinnig und ein Stein aus seiner Schleuder traf ihn hart auf der Brust. Er war so erschrocken, dass er zu Boden fiel und stöhnte, er sei „fast am Sterben".

Ramu rannte aus seinem Versteck und konnte ein Kichern nicht unterdrücken, als er fragte: „Fast am Sterben? Achso, du hast dir weh getan."

„Natürlich hat er sich weh getan, dummer Ramu!", rief Kedar verzweifelt. „Komm, wir bringen ihn nach Hause."

Die beiden älteren Brüder erzählten den Eltern nicht die Wahrheit. Sie behaupteten, Suman sei ausgerutscht und auf einen scharfen Stein gefallen. Ramu sagte nichts.

Ramu zog Suman auf: „Zuerst wirst du dich umbringen, dann einen Vogel schießen." Suman rieb seine Brust wehleidig, und Kedar musste trotz der Schmerzen des Bruders lachen.

„Warum versuchst du immer noch, Vögel abzuschießen?", fragte Ramu. „Hör einfach auf damit! Die Strommasten sind auch nicht leicht zu treffen."

„Das verstehst du nicht", sagte Kedar. „Geh nach Hause und lutsche deinen Daumen, hast du gehört?"

Sie zielten weiter auf Vögel und eines Tages trafen sie eine Taube am Flügel. Sie stimmten ein Triumphgeschrei an und liefen zu der Taube am Boden, die versuchte zu entkommen. Als sie sie aufhoben, machte sie keine Bewegung mehr. Sie war erstarrt vor Furcht, wie betäubt… und ihr Herz raste wild. Die Panik des Vogels übertrug sich auf die beiden Jungen, deren Herzen auch wild schlugen. Kedar konnte den Vogel nicht einfach liegen lassen. Es würde einen langsamen, einsamen Tod sterben… nein, das brachte Kedar nicht über sich.

Sie rannten mit dem Vogel zum Haus, Ramu folgte ihnen aus der Entfernung. Der Vater geriet außer sich, als er die atemlose Geschichte seiner beiden älteren Söhne hörte.

„Ramu?", sagte ihr Vater. „Bitte pflege das arme Täubchen, bis es wieder fliegen kann. Ich traue deinen Brüdern nicht. Die wollen nur töten."

„Aber *Baba*", verteidigte sich Kedar mit weinerlicher Stimme, „es ist so ein winziges Wesen, so klein, dass es kaum existiert. Von denen gibt's so viele! Wir haben nur zielen geübt, damit wir besser treffen…"

Vater sprach kein einziges Wort. Manchmal war sein Schweigen furchterregender als sein Schimpfen. Ramu erwärmte eine kleine Schüssel mit Wasser und reinigte die Wunde der Taube mit einem Tuch. Er murmelte tröstende Töne und langsam wurde der Vogel müde, gegen die kleinen Hände anzukämpfen. Er erlaubte ihm, die Wunde zu reinigen und seinen Rücken zu streicheln.

Die Brüder beobachteten Ramu schamerfüllt und wagten nicht, ihm Vorschläge zu machen. Ramu verbarg seinen kleinen Triumph so gut er konnte.

Jeden Tag half Tara Ramu, die Wunde zu verbinden. Sie war nicht so zurückhaltend wie Ramu. Als alle Kinder zusammensaßen, platzte sie heraus: „Schau, ich bin auch klein, fast so klein wie dieser Vogel. Ich esse so wenig, ich trinke so wenig. Ich kann nicht einmal fliegen, wie dieses Täubchen. Ihr habt es verletzt. Werdet als nächstes versuchen, *mich* umzubringen, weil ich so klein bin?"

„Aber nein! Nein, nein!", versicherten sie ihr. „Du bist wie unsere jüngere Schwester. Wie ist es möglich…?"

„Diese Taube ist *meine* kleine Schwester", rief Tara stolz. „Wagt nicht, sie anzurühren!"

Terassenfelder

15

Tara trotzt dem dummen Regen

Es war Juli und der Regen strömte herab, er peitschte die Felsen und Bäume. Die Nadelbäume glitzerten frisch grün, und die Spitzen des neuen Grases durchstießen den schlammigen Boden. Ramu hockte gespannt auf einer Bank auf dem Balkon und blickte ins Tal. Doch wo war das Tal? Jenseits des Pflaumenbaums gab es nichts als eine graue Regenwand.

„Wo ist das Tal?", fragte Ramu erstaunt. Sein Vater stand neben ihm und beobachtete den Regenschauer und gleichzeitig den Gesichtsausdruck seines Sohnes.

„Das Tal ist, wo es immer gewesen ist."

„Aber nein, Baba, wie ist das möglich? Dann könnten wir das Tal sehen, wo wir es immer gesehen haben."

Ramus Vater blieb still.

„Und wo ist die andere Seite des Tals? Wo sind die Dörfer auf dem Berghang jenseits des Tals?"

„Du kannst sie nicht sehen, weil es regnet, Ramu. Daran ist nichts Rätselhaftes."

„Wie kann der Regen sie unsichtbar machen. Regen ist nur Wasser, oder?"

„Nun... ja."

„Ich kann in meinem Wasserkrug bis auf den Boden schauen. Ich kann sogar den Grund von unserem Bach sehen!"

„Ich weiß es nicht, Ramu. Warum überlassen wir diese Fragen nicht den gebildeten Leuten?"

„Aber wir schauen auf den Regen. Die gebildeten Leute wohnen weit weg in den Städten und schauen in ihre Bücher."

„Gewiß, ja…", gab der Vater zu, der des Themas überdrüssig wurde, und wollte aufstehen.

„Geh nicht weg, geh noch nicht weg, *Baba*", bat Ramu. „Setz dich zu mir. Wenn ich keine Fragen stellen kann, gibt es nichts zu tun. Heute kann ich nicht draußen spielen. Ich kann die Zicklein nicht hinausführen und keine Zweige für das Kochfeuer sammeln. Das Einzige, was übrig bleibt, ist Fragen zu stellen."

„Du kannst deiner Mutter beim Kochen helfen", schlug der Vater vor, „oder drinnen ein Nickerchen machen."

„Schlafen? Während die Wolken so fleißig sind, diesen langen Regen herunterzuschicken, und die Erde und die Felsen und die Bäume fleißig sind, das viele Wasser aufzunehmen, soll ich im Zimmer schlafen?"

„Vielleicht hast du Recht…"

„Okay, *Baba*, du kannst rein gehen, aber ich beobachte den Regen. Schau! Mein Pflaumenbaum, er beugt sich im Regen. Er wird nicht ertrinken, oder?"

„Wie ist das möglich? Das Wasser fließt den Hang hinunter. Aber es könnte Erdrutsche geben…"

„Was sind Erdrutsche?"

„Das passiert, wenn es zu viel regnet. Das Wasser drückt den ganzen Schlamm und die kleinen Steine und sogar die großen Felsbrocken ins Tal hinunter."

„Wirklich? Das muss großartig ausschauen! Kannst du mir einen Erdrutsch zeigen? Bitte!"

„Um Himmels willen, Ramu! Das ist ein schrecklicher Anblick. Plötzlich wirft sich der ganze Berg in den Bach. Unser lieblicher Hang würde herabrutschen und viele Felsbrocken und Büsche mit sich reißen. Dann sind die Hänge große Löcher und sehen aus wie schreckliche Wunden. Und der Bach ist ein riesengroßer Brei von Schlamm, Wurzeln, Steinen geworden. Sogar Hütten und Bäume stürzen in die Tiefe."

„Sieht das nicht fantastisch aus?"

„Nein, nein, Ramu, es sieht entsetzlich aus und macht ein großes, knirschendes Geräusch."

„Hast du es jemals gehört, *Baba*?"

„Ja. Damals war ich so klein wie du."

„Du meinst, so groß wie ich."

„Natürlich, so groß wie du, und ich erinnere mich daran, als wär's gestern geschehen."

„Zeig mir also keinen Erdrutsch, *Baba*. Es genügt, wenn du mir davon erzählst. Wahrscheinlich werden die Felder auch verdorben?"

„Ja, viele Felder werden unbrauchbar. Wir müssen hart arbeiten, um den Schlamm und die Steine wegzuschaffen, die Erde einzuebnen und wieder fruchtbar zu machen."

Ramu saß und starrte in den Regen und erfreute sich nicht mehr an dem frischen Grün der Wiesen und der *Utish*-Bäume oberhalb des Hauses. Der Vater bemerkte, wie unglücklich sein Sohn geworden war. Er tröstete ihn: „Aber mach dir keine Sorgen. Unsere Hänge in Merangdi sind nicht sehr steil. Das Regenwasser fließt langsam ab und lässt die Erde, wo sie ist."

„Also je steiler die Hänge, desto wahrscheinlicher ist es, dass das Wasser die Erde mitnimmt?"

„Genau."

Ramu grübelte. Der Regen trommelte laut gegen die Schindeln des Dachs. Jetzt wirkte es bedrohlich. Auf einmal sprang Ramu auf.

„In Vittakharka sind die Hänge steiler als bei uns, nicht wahr, *Baba*?"

„Ja, woher weißt du das? Dort hat es sogar noch im letzten oder vorletzten Jahr Erdrutsche gegeben."

„Oh nein! Bitte nicht! Dann ist Tara in Gefahr. Was kann ich tun, *Baba, Amma*, was soll ich tun?"

„Ihr Vater passt auf sie auf, du musst dir keine Sorgen machen", versuchte der Vater Ramu zu beruhigen.

„Nein, oh nein! Wie kann ich mir keine Sorgen machen? Sie ist ein junges Mädchen. Sie stellt dumme Dinge an. Was soll ich tun?"

Wieder dachte Ramu nach. Dann sagte er: „Ich muss hinüber nach Vittakharka laufen und Tara warnen. Lass mich gehen. Ich nehme deinen großen Regenschirm und renne rüber. Bin in zwei Minuten zurück."

„Ramu! Hör auf, so zu reden", befahl sein Vater. „Stell selbst keine dummen Dinge an! Wenn du nass und vom Regen bös zugerichtet werden willst, dann komm und hilf mir, die Kühe im Stall und die Ziegen im Haus zu füttern."

„Verstehst du nicht, dass…", sagte Ramu, den Tränen nahe. Doch ein Blick auf das Gesicht des Vaters ließ ihn verstummen.

Ramu hockte auf der Kante der Bank und schaute in den Regen. Einige Tropfen rannen an seinem Gesicht herab. Sein Vater war zu den Tieren gegangen.

Dann geschah es.

Ein großer Regenschirm wanderte langsam gegen die peitschenden Regenböen vom Pflaumenbaum auf sein Haus zu. Er kam immer näher und Ramu konnte zwei kleine nackte Füße unterhalb des Regenschirms sehen. Als der Regenschirm das Haus erreichte, schwenkte er nach hinten und ein Augenpaar blickte nach oben auf Ramu.

„Tara!", rief Ramu. „Wie dumm von dir, bei diesem Regen hierher zu kommen. Ist was passiert?"

Tara lief die paar Stufen zum Balkon hinauf, und als sie neben Ramu auf der Bank saß, sagte sie: „Nichts ist passiert. Es regnet nur schrecklich."

„Warum bist du...?", begann Ramu mit angespannter Stimme und hielt dann ein vor Erstaunen.

„... weil ich wusste, dass du dir Sorgen machst", sagte sie. „Das konnte ich nicht ertragen. Ich nehme lieber diesen dummen Regen in Kauf."

Regenwetter

16

Der Drachen, der den Kindern zuwinkt

Wer im Gebirge wohnt, kann nicht anders, als die Höhen und die Tiefen zu lieben. Schneebedeckte Berggipfel und die Wolken vieler Formen und Farben machen die Menschen benommen vor Sehnsucht, sie zu berühren. Die Flüsse und Bäche, die tief in den Schluchten rasen, geben ihnen das gruselige Gefühl, sie würden in bodenlose Leere stürzen. Alle wollen aufwärts und abwärts fliegen, am liebsten zur selben Zeit. Wer es selbst nicht schafft, will zumindest einen Drachen losschicken.

Ramu liebte es, in der Regenzeit, wenn der Wind stark und launig war, einen Drachen steigen zu lassen. Man brauchte nur genug offene Landschaft. Das Feld neben dem Pflaumenbaum war ideal. Ramu bat seinen Vater um ein paar Plastikbeutel, in denen die Familie Salz und Zucker vom Markt in Salléri brachte. Ramu nähte sie sorgfältig zusammen und heftete sie auf einen dreieckigen Rahmen aus Gerten. Die Schnur, ja, die Schnur war ein Problem. Ramu hatte erfahren, dass ein Laden in Salléri feste Nylonschnur verkaufte. Aber er wusste, dass sein Vater ihm keine kaufen würde. Nie kaufte er ihm Spielsachen. Niemals etwas, mit dem man sich vergnügen konnte. „Was sollen wir morgen essen, wenn ich dir heute Spielsachen kaufe?", würde er sagen. Also spielte Ramu mit Erdklumpen und sonderbar geformten Wurzeln. Die Schnur für den Drachen drehte er aus den Fäden alter Kleider.

Es war langwierig, die Fäden zu entwirren, sie zusammenzuknoten und eine lange, starke Schnur daraus zu machen.

Ramu bat Tara, ihm zu helfen. Er sagte, mit Tüchern und Fäden würden nur Mädchen arbeiten. Tara widersprach, sie könne alles, was auch Ramu tut. „Du bist zu ungeduldig, mit feinen Fäden umzugehen."

Als die Schnur lang genug war, drehten sie sie um ein Stück Holz und ihre Freude war grenzenlos. Ihnen war, als hätten sie den weiten Himmel auf dieses Stück Holz gewickelt. Jetzt gab es kein Halten mehr, den Drachen sofort auf die Probe zu stellen. Der Wind war morgens am kräftigsten. Es war ein Samstag, der schulfreie Tag jede Woche. Darum gesellte sich Kedar zu Ramu und Tara, als sie zum Kartoffelfeld neben dem Pflaumenbaum rannten.

„Halte den Drachen hoch über deinem Kopf, und ich renne so schnell ich kann mit der Schnur in meiner Hand. Dann musst du loslassen, und ich renne weiter", befahl Ramu. Tara gehorchte. Kedar beobachtete vom Feldrand, wie Ramu rannte. Beim ersten Versuch ließ Tara den Drachen zu schnell los, und er schlug im Sturzflug zu Boden. Ramu rannte wieder und Tara hielt den Drachen fest und rannte hinter Ramu her, bis sie Kedar erreichten.

„Warum hast du nicht losgelassen?", schrie Ramu verzweifelt.

Tara wußte nicht, was sie sagen sollte.

„Oh sieh mal, mein Drachen ist eingerissen", sagte Ramu.

„*Unser* Drachen… Aber ein wenig nur."

Dann mischte sich Kedar, der alles wissende ältere Bruder, ein.

„Gib mir den Drachen", sagte er Tara. „Ich bin größer als du." Das war ein zwingendes Argument. Er konnte den Drachen höher halten. Ramu rannte und Kedar ließ den Drachen über seinem Kopf zur rechten Zeit los. Der Drachen stieg majestätisch, schnell gewann er an Höhe.

„Renne, Ramu, renn!", rief Kedar. Ramu war stehen geblieben, um zu beobachten, wie der Drachen aufstieg. Doch bald glitt er abwärts.

Kedar schrie: „Renne, Ramu, renn!!"

Ramu vergaß zu rennen. Mit offenem Mund beobachtete er, wie der Drachen so majestätisch nach unten schwebte, wie er aufgestiegen war. „Renn doch, renn!", brüllte Kedar verzweifelt, aber Ramu hatte großen Spaß daran zu sehen, wie der Drachen tanzte und taumelte, bis er den Boden berührte.

„Was ist los mit dir, dummer Ramu?", schimpfte Kedar. „Ein Drachen soll nach oben fliegen. Jetzt hast du ihn ruiniert."

❧

Am nächsten Morgen erschien Kedar mit seinem eigenen Drachen. Er und Suman bildeten ein Team und wollten gegen Ramu und Tara antreten, die ihren Drachen sorgfältig geflickt hatten.

„Gehst du nicht zur Schule?", fragte Ramu. Heute sei ein Feiertag, behauptete Kedar.

„Renne los", befahl Kedar, und Suman rannte. Der Drachen sprang in die Luft und kletterte hoch und höher. Bald war er nur ein Fleck am Himmel. „Hilfe! Wir haben keine Schnur mehr!", rief Suman. Lachend und schreiend hielt er das Ende der Schnur fest.

„Wo ist der Drachen? Oh, da ist er! Man kann ihn kaum sehen!"

Tara begann zu laufen und Ramu warf den Drachen in die Luft. Nach einem zweiten und dritten Versuch segelte er wunderbar in die Höhe und schwebte über dem Pflaumenbaum.

Vielleicht will er sich auf dem Pflaumenbaum niederlassen, dachte Ramu und kicherte.

Tara und Ramu zogen gemeinsam an der Schnur. Zunächst zögerte er, doch dann erhob sich der Drachen mit würdevollem Anstand in die Luft. Er besuchte Ramu und Tara, denn er stand direkt über ihnen. Die Kinder legten den Kopf weit zurück, um ihn zu sehen.

„Schau mal…!", rief Ramu. „Er winkt uns zu! – Hallo! Hallo! *HAL-LO!* Bleib bei uns, flieg nicht zu weit weg von uns!" „Aber wir haben ihn selbst in die Luft geschickt", erinnerte ihn Tara.

„Du hast Recht. Ich weiß nicht, warum ich das gesagt habe." Aber Ramu gab nicht mehr Schnur frei. „Wenn er zu hoch steigt, wird er uns nicht mehr erkennen."

„Prima", stimmte Tara zu. „Zeigen wir ihm doch unsere Häuser und die Ziegen und die *Utish*-Bäume."

Kedar hörte ihre Worte und lachte. „Das ist doch nur ein Drachen, kein Haustier."

„Stimmt, er ist kein Haustier, aber er ist immerhin ein Drachen."

Während sie redeten, riss ein Windstoß das Schnurende aus Kedars Hand. Die dünne Schnur verschwand ins Blaue und der Fleck über ihnen wurde ein Punkt und dann sahen die Kinder nichts mehr.

„Wir machen morgen einen neuen Drachen", sagte Kedar bedrückt.

„Aber Kedar, können wir nicht alle mit einem Drachen spielen? Das macht viel mehr Spaß", rief Ramu.

„Aber lass die Schnur nicht los, hörst du?", ermahnte Kedar seinen Bruder Suman. Suman blickte erstaunt in die Runde, doch als alle anfingen zu lachen, lachte er mit.

Eine Mauer, Kinder, ein Spiel

17

Der Vater erinnert sich an seine Trekkingzeit

Ramus Vater war ein starker und aktiver Mann. Er musste immer etwas auf den Feldern oder im Haus zu tun haben. Sogar seine Besuche bei Nachbarn verband er mit Familienpflichten. Nur an jenen langen Tagen, wenn es träge regnete, saß er auf dem Balkon und entspannte sich.

Er hatte viele Sorgen. Seine zwei Töchter waren schon verheiratet und wohnten in Dörfern in der Nähe von Salléri. Doch die drei Söhne waren noch jung und mussten zur Schule gehen und danach einen Job finden. Eines Tages würden sie für seinen Unterhalt und den der Mutter sorgen müssen. Der Großvater wurde älter und eines Tages würde er mehr Betreuung brauchen. Andere Sorgen kamen hinzu: die Ernte, die Instandhaltung des Hauses, die Kühe, die Ziegen…

Aber Ramus Vater war sich auch bewusst, dass es ihm heute viel besser ging als zu der Zeit, in der er in Merangdi aufwuchs. Großvater konnte ihm keine Schulerziehung geben, weil die Schule in Kerung noch nicht gebaut worden war. Er konnte ihn nicht einmal genügend ernähren, weil Dünger, gesundes Saatgut, eine Bewässerungsanlage und Strom das Dorf viele Jahre später erreichten. Sie litten, wenn es kalt war, wenn sie krank wurden, wenn im Winter die Vorräte schwanden und in der Regenzeit, wenn die Wege zum Markt in Pattale Bazar und Salléri wochenlang unbegehbar waren. Ein schweres

Leben war das.

Als der Vater sechzehn oder siebzehn war, arbeitete er als Träger, um die Familie zu unterstützen. Es kam ihn hart an, aber er war nicht der einzige junge Mann, der Merangdi verließ. Er wanderte zwei Tage lang, um Lukla zu erreichen. Dort trafen Touristen im Flugzeug ein, um auf Trekkingtour zu gehen. Er würde am Rand des Flugplatzes warten, bis ihn jemand anheuerte.

Als er die Geschichte hörte, wurde Ramu aufgeregt. Er hatte dem Vater gespannt zugehört. Meist würde nur der Großvater erzählen, aber nur über Menschen, die schon gestorben waren. Nun berichtete der Vater über sein eigenes Leben, und das bedeutete, auch er, Ramu, sein Sohn, wurde Teil der Geschichte.

Ramu fragte: „Konntest du dich mit vielen Menschen unterhalten? Sie sind in Lukla aus vielen weit entfernten Orten eingetroffen, nicht wahr?"

„Ja, aber geredet habe ich mit ihnen nicht. Sie haben meine Worte nicht verstanden, und ich habe ihre Worte nicht verstanden."

„Aber gewiss hast du mit ihnen lachen können, *Baba*?"

„Nein, Ramu, nein. Selbst ihr Lachen hatte eine andere Sprache. Sie lachten wie wichtige Leute, wie reiche Leute, wie Menschen, die was zu sagen hatten. Ich habe ihre Zelte auf meinem Rücken getragen und ihre Kleider und ihre Nahrung. Es war so hart! …"

„Hart?", fragte Ramu. „Du hast so viel gesehen, viele neue Berge und unbekannte Dörfer. Zumindest hast du mit den Leuten in den Dörfern geplaudert. Das hat sicher Spaß gemacht."

„Nein, Ramu, nein. Ich musste schwere Lasten auf dem Rücken tragen. Jeden Abend bin ich halbtot gewesen. Ich war

damals jung, viel zu jung für so schwere Lasten auf diesen steilen Bergpfaden. Ich musste nach unten auf den Weg vor meinen Füßen blicken, die Berge und die Dorfleute habe ich nicht
anschauen können. Ich habe nur den Weg vor meinen Füßen
gesehen, mehr nicht."

„Aber *Baba*, du bist dadurch bärenstark geworden. So
stark wie du möchte ich auch werden. Wie du möchte ich
schwere Lasten tragen und breite Schultern und Arme mit
dicken Muskeln bekommen."

„Nein, Ramu, nein! … Im Winter, wenn die Touristen verschwunden waren, haben wir eine Straße durch den Berg gebaut. Den ganzen Tag haben wir mit dem Hammer Steine zerschlagen."

„Du konntest dabei ein paar Liedchen singen, oder nicht?"

„Ein Lied? Die Arbeit hat uns den Atem verschlagen... Der Staub! Ah, Ramu, du bist zu jung, um das zu verstehen."

Zu jung? Ramu wollte sich wehren. Aber er sah Tränen in *Babas* Augenwinkeln glitzern und hielt den Mund.

„Und dann?", fragte Ramu kleinlaut.

„Dann hatte ich einmal Glück im Leben. Einer der Touristen hatte mich gern, obwohl wir kein Wort miteinander wechseln konnten. Er bezahlte mir eine Ausbildung als Schreiner in Salléri."

„Ja, einige waren gut zu mir und großzügig, doch obwohl wir dieselben Wege gingen, lebten wir in verschiedenen Welten."

Ramu kannte den Rest. Sein Vater machte eine Schreinerei in Merangdi auf. Er fertigte Möbel und Holzwerkzeuge an. Er arbeitete und sparte etwas Geld. Großvater verheiratete seinen Sohn, sobald etwas Geld da war. „Bis das erste Baby kam, deine älteste Schwester", fuhr Ramus Vater fort.

„Ich weiß, ich weiß, *Baba*... und ganz zum Schluss war *ich* dran!"

„Genau! Zum Schluss warst du dran!"

Ramu hatte viele Male die Geschichte von jenem verhängnisvollen Abend gehört, an dem ihr Haus in Brand geriet. Binnen einer Stunde war das Holzhaus verkohlt, sie konnten nichts retten. Die Schreinerei — vorbei! Der Kuhstall — vorbei! Ihr bescheidener Wohlstand — vorbei! Ramu hatte alle Einzelheiten immer wieder gehört und weigerte sich, die Geschichte noch einmal zu hören.

„Das war die härteste Zeit, die unsere Familie jemals durchgemacht hat", sagte der Vater. „Viele halfen uns, eine

Notunterkunft zu bauen, viele aber haben uns seitdem gemieden. Wenn du arm bist, lernst du die Herzen der Menschen kennen, aber auch dein eigenes Herz."

Mehr sagte Ramus Vater nicht. So viel sprach er selten, selten zeigte er seine Gefühle. Es regnete immer noch. Vater und Sohn saßen zusammen und lauschten dem Plätschern. Auf einmal hatte Ramu noch eine Frage. „Wo ist dieser Mann jetzt, *Baba*?"

„Der mich zur Schreinerlehre geschickt hat? Der ist nie zurückgekehrt, er hat nie geschrieben. Er könnte überall auf der Welt sein."

„Ist er also ein bisschen wie der liebe Gott?", fragte Ramu. „Niemand hat ihn gesehen, aber er ist überall."

„Ah Ramu, du bist wirklich nicht mehr so klein!"

„*Baba*, habe ich dir das nicht so häufig gesagt?"

Die Vielfalt der Berge

74

18

Ramu legt Tara ein großes Versprechen ab

Warum finden Kinder Wasser so anziehend? Sie spielen gern im Schlamm und machen sich Hände und Füße schmutzig und schmieren ihre Gesicht mit Lehm ein. Doch als nächstes laufen sie zu den Bächen und Flüssen und beobachten mit Begeisterung, wie das Wasser vorbeifließt. Sie stecken ihre Füße hinein und nichts als strenge Strafen halten sie davon ab, tiefer ins Wasser zu waten, jeden Tag ein wenig weiter.

Auch Ramu liebte beides, den Schlamm und das säubernde Wasser. Er sprang und hüpfte zum Bach. Wenn er nach dem Regen angeschwollen war, konnte man den Bach von seinem Haus aus hören, aber nur wenn man ganz still stand und genau hinhörte. Ja, dann hörte man den gurgelnden Ton tief unten. Er war schwach und doch so gewaltig und einladend.

Am Bachufer stand Ramu und starrte auf den weißen Schaum des Wassers. Das war die Stelle, an der die Erwachsenen gewöhnlich den Bach überquerten, um am anderen Ufer zum nächsten Dorf zu gehen und von dort zur Straße, auf der der Bus nach Salléri verkehrte.

Ramu beobachtete, wie die Erwachsenen mit langen Schritten von einem Stein zum anderen springend das andere Ufer erreichten. Er beneidete sie um ihre langen Beine und sicheren Schritte. Er sagte sich: Wenn ich erwachsen bin, überquere ich auch Bäche und Flüsse, und die sind wilder und mächtiger als unser Dorfbach. Alle werde ich überqueren und nicht nur das, ich werde schwache Menschen bei der Hand nehmen und sie hinüberführen! Niemand wird jemals ins Wasser fallen, kein einziger wird sein Gleichgewicht verlieren!

Während Ramus Gedanken in der Zukunft waren, erschien Tara von hinten. Sie trug einen Korb, um Beeren zu sammeln.

„Was schaust du dir an, Ramu?", fragte sie.

„Ich beobachte, wie das Wasser immer weiter rennt."

„Was gibt es daran zu beobachten?", lachte sie.

„Ist es nicht wunderbar, wie immerzu Wasser fließt und immer genug Wasser da ist? Es hört nicht auf zu fließen, wenn wir schlafen, und hört nicht auf, wenn wir morgens aufwachen."

„Woher weißt du, dass es sich in der Nacht nicht ausruht? Bist du jemals gekommen, um nachzusehen?"

„Aber Wasser braucht keinen Schlaf."

„Warum bist du dir so sicher, Ramu?"

„Vom Bett höre ich ganz schwach das Donnern des Wassers, wenn ich einschlafe… Und wenn ich nachts einmal aufwache, ist es immer noch da."

„Meinst du wirklich, Wasser braucht nicht zu rasten, und trotzdem hat es die ganze Zeit so viel Energie, die *ganze* Zeit?"

„Das hat mir *Baba* erklärt. Wasser braucht nicht zu rasten. Wasser ist größer als wir Menschen. Wir brauchen nachts einen guten langen Schlaf, aber das Wasser nicht."

„Oh", sagte Tara und sie begann auch, über diese wunderbare Sache nachzudenken.

Sie sagte: „Ich wollte hinübergehen, um Beeren von diesem Busch zu pflücken, und von dem dort auch, und von dem… Aber ich denke, ich sollte jetzt nicht zum anderen Ufer gehen, es ist zu gefährlich."

„Ich glaube, du hast Recht, Tara. Das solltest du nicht wagen. Was geschieht, wenn du ausrutschst und vom Wasser mitgerissen wirst? Ich könnte dich nicht retten, noch nicht…"

„Die Steine sind zu weit voneinander entfernt. Für uns."

„Wir wollen ein paar Monate warten", sagte Ramu, „dann überqueren wir den Fluss gemeinsam, Hand in Hand. Dann sind wir erwachsen."

„Oh, Ramu, ist das ein Versprechen?"

„Ja, Tara, natürlich ist das ein Versprechen. Ein paar Monate fliegen so rasch vorbei. Sie fliegen so schnell vorbei wie das Wasser im Bach fließt. Manchmal ist das Wasser so schnell, dass wir nicht sehen können, wann es kommt und wann es geht."

„Aber es kommt und es geht wieder, oder nicht?"

„Gewiss doch, aber…" — und sie blickten einander an und brachen in Lachen aus. „Heute wollen wir zusammen im Schlamm spielen, einverstanden?"

Der Fluss

77

19

Ramu und Tara öffnen die Tür des Pflaumenbaums

Der Pflaumenbaum stand allein am Rand des Kartoffelfeldes. Von dort führte der Weg steil hinab durch das Dorf bis zum Bach. Der breite, kräftige Baum war mit dunkelblauen Pflaumen überladen. Sie waren nicht eigentlich süß, aber so saftig, dass der Baum im Juli und August die Kinder von Merangdi mächtig anzog. Er war nicht leicht zu besteigen, denn die Äste fingen hoch an, sich auszubreiten und man brauchte kräftige Arme, um sich hinaufzuziehen.

Ramu hatte starke Arme. Es war der Anfang der Erntezeit und er saß auf einem großen Ast und herrschte über den Baum, als sei er sein Königreich.

„Ihr dürft nicht hinaufklettern", mahnte Ramu die Jungen und Mädchen, die herumstanden. „Der Baum ist zu schwach, um euch zu tragen."

„He, Ramu, der Baum ist stark genug! Ich komme zu dir, ich habe Hunger", rief ein Junge. Springend schnappte er einen niederen Ast, um sich von dort auf einen höheren zu schwingen.

„Nicht, nicht!", bat Ramu. „Der Ast bricht ab."

„Na und? Ich versuch's einmal!"

Seine Füße verfehlten die höheren Äste und er fiel mit dem Kopf voran zu Boden. Die anderen Jungen brachen in Gelächter aus.

Ramu rief von oben: „Hast du dir weh getan? … Sag doch, hast du dir weh getan?"

Der Junge hockte auf der Erde und umklammerte weinend seine Schulter.

Ramu sprang behände nach unten und setzte sich neben den verletzten Jungen und begann, dessen Schulter sanft zu reiben. „Komm schon", sagte er, „komm schon, ist ja gut. Sag mir, dass es wieder gut ist…"

In diesem Augenblick erschien Tara von Vittakharka. „Was ist geschehen?", fragte sie.

„Nichts", antwortete Ramu, bevor die anderen etwas sagen konnten. „Er hat sich weh getan. Es ist schon wieder gut."

„Aber er weint ganz fürchterlich", sagte sie. „Sollten wir ihn vielleicht nach Hause bringen? Kommt er von Merangdi?"

„Ja, er wohnt in dem Haus da unten." Ramu zeigte die Richtung.

„Komm, wir begleiten ihn", schlug sie vor. Die anderen Jungen willigten schlau ein. „Ja-ja, bringt ihr beide den Jungen zu seiner Mutter. Vielleicht hat er was am Knochen."

Ramu wusste, dass die Jungen beginnen würden, den Pflaumenbaum zu plündern, sobald sie sich umgedreht hatten. Er würde sie nicht davon abhalten können, auf die Äste zu springen und sie abzubrechen. Was machen? Er schaute auf Tara, die seine Sorge, ohne dass er sie aussprechen musste, verstand.

„Diese Pflaumen sind noch nicht reif, Ramu. Lade deine Freunde nicht ein, sie jetzt schon zu essen. Sie werden krank", sagte sie. „Die Pflaumen sind noch zu sauer."

„Du hast Recht. Mein Vater hat mich gewarnt", fuhr Ramu fort, „dass saure Pflaumen uns Bauchweh machen, das drei Tage bleibt."

„Vier Tage! So ist es mir im letzten Jahr passiert. Erinnerst du dich nicht, Ramu?"

„Ja. Du musstest zum Arzt gehen, nicht wahr?"

„Nein, das nicht, aber ich hatte schreckliche Schmerzen."

Ramu schaute die anderen an, sie hatten jedes Wort gehört. „Steigt hinauf, wenn ihr wollt, dass ihr euch jammernd ins Bett legen müsst. Wir sind gleich wieder zurück", sagte Ramu vergnügt.

Ramu und Tara stellten den schluchzenden Jungen auf die Füße und führten ihn langsam über den steinigen Weg hinunter.

„Woher wisst ihr, dass die Pflaumen noch unreif sind", fragte der schluchzende Junge herausfordernd.

„Ich habe gestern welche gegessen, als du schon zu Hause warst. Die haben *so* gut geschmeckt."

„Aber heute sind sie ganz sauer", lachte Tara.

Als sie zum Haus kamen, sah die Mutter das erbärmliche Gesicht ihres Sohnes und war alarmiert. „Habt ihr euch gestritten?", begann sie, Ramu zu beschuldigen.

„Nein, nein, er ist vom Baum gefallen."

„Du hast ihn 'runtergeschüttelt, nicht wahr!"

„Nein, Tante, seine Füße haben den Ast verfehlt. Er ist *so* mutig!"

„Gewiss, das ist er!", stimmte die Mutter zu.

„Ich hoffe, seine Schulter ist nicht verletzt."

Rasch kehrten Ramu und Tara zum Pflaumenbaum zurück. Immer noch standen einige Jungen umher und blickten hungrig auf den Baum. „Ist jemand hinaufgeklettert?", erkundigte sich Tara. Die Jungen schüttelten den Kopf. Ramu begutachtete die Äste, sie waren unverletzt.

„Vielleicht sind *einige* Früchte schon reif. Was meinst du, Tara?"

„Willst du vier Tage Bauchweh im Bett riskieren, Ramu?"

„Aber die Pflaumen, die der Baum uns freiwillig gibt, die dürfen wir gewiss essen? Wollen wir den Baum fragen?", schlug Ramu vor.

„Den Baum fragen?", wiederholten die Jungen ungläubig.

„Ja, wir klopfen an seine Tür, und wenn er sie aufmacht, dann dürfen wir uns bedienen…"

„Seine Tür?" Die Jungen waren noch verwunderter.

„Komm her", ermunterte Ramu sie. „Wir machen es zusammen, aber behutsam."

Ramu stemmte sich gegen den Baum, doch er bewegte sich keinen Zentimeter. „Los, helfen wir mit!" Tara winkte die Jungen herbei. Tara und die Jungen drückten auf einer Seite gegen den Baumstamm. *„Jetzt!* Drücken!", befahl Tara.

Zehn, zwölf kleine Hände drückten im gleichen Rhythmus, und eine Bewegung ging durch den Baum, eine freundliche kleine Welle hin und zurück, die zu einer Schwingung heranwuchs. Der Baum öffnete seine Tür, aber nur einen Spalt. Einige reife Pflaumen fielen herab, und dann noch einige. Die Kinder hörten auf zu drücken und lasen die Früchte auf.

„Dürfen wir sie essen, Ramu?", fragten sie bescheiden.

„Gewiss", sagte er. „Unser Pflaumenbaum hat sie uns großzügig geschenkt."

„Zusammen haben wir ein paar schöne, saftige Früchte bekommen, ohne unsere Schulter reiben zu müssen", sagte Tara, die meistens das letzte Wort hatte, fröhlich.

20

Zuerst kann Ramu kaum schlafen und dann springt er in die Luft

Der Herbst ging in den Winter über. Die Winde wurden beißend kalt. Großvater kauerte, in mehrere Schichten warmer Tücher eingepackt, in seiner dunklen Kammer. Erst am späten Vormittag würde er auf den Balkon hinausgehen, dann wärmten ihn die Sonnenstrahlen ein wenig. Mutter befahl ihren Söhnen, die Pullover anzuziehen. Niemand durfte mehr barfuß laufen. Sie trugen Socken und Segeltuchschuhe und waren sie noch so alt und löchrig.

Es gab einen Höhepunkt, dem Ramu jeden Winteranfang entgegenfieberte; das war sein Geburtstag. Im allgemeinen kümmern sich Bergjungen nicht um ihren Geburtstag. Aber darin war Ramu anders. Er wollte rasch erwachsen werden. Er wollte sagen: „Ich bin sechs." Oder: „Ich bin sieben."

Seine Eltern wussten, wie sehr Ramu seinen Geburtstag herbeisehnte. Eines Tages gingen Vater und Mutter gemeinsam nach Salléri. Sie sagten ihren Söhnen: „Wir besuchen eure Schwestern. So lange haben wir sie nicht gesehen." Sie würden eine Nacht weg bleiben und baten Großvater, im Haus nach dem Rechten zu sehen.

„Ich koche für alle", meldete sich Ramu sofort.

„Dürfen wir unsere Schulkameraden in Ghunsa besuchen?", baten Kedar und Suman.

„Aber erst wenn ihr vom Unterricht zurück seid", verlangte der Vater.

„Natürlich, aber natürlich", versicherten die zwei.

Am nächsten Nachmittag kehrten die Eltern mit zwei großen Einkaufstaschen mit Gemüse und einem kleinen Paket, das in Zeitungspapier eingewickelt war, zurück. Niemand verlor ein Wort über das Paket. Waren es Medikamente? Vielleicht warme Unterwäsche? Nur Ramu hoffte heimlich, es sei ein Geschenk.

Als Ramu am Morgen seines Geburtstags aufwachte, sah er ein Paar glänzende neue Lederschuhe vor seinem Bett stehen.

„Oh *Amma*, was hast du getan!" Ramu war barfuß hinauf in die Küche gerannt und saß auf Mutters Schoß.

„Magst du sie nicht?"

„Ich liebe sie! Ich liebe sie!"

„Ab dem nächsten Jahr gehst du nach Kerung zur Schule, und alle Schüler müssen Schuhe tragen... Heute ist dein Geburtstag, weißt du."

„Natürlich weiß ich das. Ich konnte fast nicht schlafen."

„Warum?"

„Mein Geburtstag hat um Mitternacht angefangen, nicht wahr, *Amma*?"

„Ja, doch, ich glaube schon..."

„Ich wollte nichts verpassen. — *Amma*?"

„Ja, Ramu?"

„Wann bin ich geboren worden? Ich meine, zu welcher Tageszeit?"

„Am Abend. Die Sonne verschwand gerade hinter dem Horizont. Das hat mir dein Vater erzählt."

„Und wo?"

„Hier in diesem Raum, neben dem Küchenfeuer."

„Dann ziehe ich meine Geburtstagsschuhe erst heute Abend an, *Amma*!"

Mutter lachte und stellte einen Becher mit gesalzenem Bergtee vor ihn.

„*Amma*? Darf ich Tara bitten, uns am Abend zu besuchen, wenn ich die Schuhe anziehe?"

„Natürlich kannst du das. Aber ich bin sicher, sie kommt sowieso am Nachmittag."

„Aber sie weiß nicht, dass heute mein Geburtstag ist. Das ist eine Überraschung. Ich möchte ihr selbst sagen: ,Heute bin ich sechs Jahre oder schon sieben Jahre alt!'"

☙

Am Nachmittag erschien Tara aus Vittakharka. Ramu saß auf dem Balkon und entdeckte sie in der Ferne. Sie sah, wie er auf sie wartete.

Tara fragte: „Wartest du auf mich?"

„Ich? Natürlich nicht. Ich ruhe mich aus."

„Und hast nichts zu tun? Was ist mit den Ziegen?"

„Heute ist *Baba* mit ihnen hinausgegangen."

„Warum? Was gibt's Besonderes heute, Ramu?" Tara saß jetzt neben ihm.

„Besonderes? Nichts, eigentlich gar nichts."

„Warum hast du mich dann gestern gefragt, ob ich heute zu dir komme?"

„Das habe ich gefragt? Ich erinnere mich nicht, Tara."

„Heraus mit der Sprache, Ramu. Irgendwas ist los. Ich kann es an deinem Gesicht sehen. Du hast auf mich gewartet."

„Wirklich? Nun, ab heute warte ich nicht mehr auf kleine Mädchen. Dafür bin ich jetzt zu alt."

„Zu alt, Ramu? Zu alt? Du bist so alt wie gestern."

„Eben nicht! Ich bin ein Jahr älter geworden. Heute bin ich sieben geworden. Oder vielleicht sechs!"

„Ist es dein Geburtstag?"

„Komm mit, ich zeige dir was", sagte er und führte sie in den Raum, wo er schlief. Er hielt ihre Augen zu und vor seinem Bett nahm Ramu seine Hand weg und sagte: „Schau mal, meine neuen Schuhe."

„Ohhhhh", überrascht und glücklich presste Tara beide Hände auf den Mund. Sie drehte sich zu ihm und sagte voll Wärme: „Herzlichen Glückwunsch zum Geburtstag, Ramu!"

„Aber ich kann sie erst am Abend anziehen."

„Warum?"

„Weil ich am Abend geboren worden bin. Zu dieser Zeit bin ich noch nicht geboren."

„Aber Ramu! So lang kann ich nicht warten. Es wird kalt. Am Abend wird es vielleicht frieren. Und es wird bald dunkel."

„Aber ich bin noch nicht geboren, verstehst du das nicht?"

„Hast du sie schon anprobiert? Passen sie dir?"

„Ich kann sie nicht anprobieren, Tara. Warum wollen kleine Mädchen das nicht verstehen?"

„Also gut, Ramu. Ich spreche nicht mit Jungen, die noch nicht geboren sind… Ich glaube, ich muss jetzt aufbrechen."

„Nein, Tara, nicht! Geh jetzt nicht weg… warte…"

Ramu saß auf seinem Bett und brauchte nur einen Augenblick, um sich zu entscheiden, einen kurzen Augenblick. Dann steckte er seine Füße in ein Paar Socken und schlüpfte in seine Schuhe, schnürte sie zu und stand auf. Er bewegte seine Zehen, er stellte den rechten Fuß nach vorn und dann den linken Fuß, stand auf seinen Zehen und dann auf den Fersen, stellte die Füße seitwärts und beobachtete seine Schuhe. Dann sprang er mit beiden Füßen in die Luft wie eine Ziege und rief: „Jaaaaa!"

Beide liefen zum Großvater, neigten ihren Kopf vor ihm, und er legte seine Hand erst auf Taras Stirn, dann auf Ramus. Sie liefen hinauf zur Küche, wo Vater und Mutter neben dem Feuer saßen, und neigten sich auch vor ihnen, um ihren Segen zu bekommen. Als sie das *tick-tack* auf den Stufen gehört hatten, wussten sie, dass Ramu seine Schuhe angezogen hatte. „Schaut!", sagte er und wieder sprang er mit beiden Füßen in die Luft.

Bald kamen Kedar und Suman nach Hause. Ramu verkündete, dass er bereit war, sie nach Kerung zu begleiten. „Schaut!"

Tara rannte in ihr Dorf zurück, denn sie wollte ihre Tränen vor Ramu verbergen.

∽

Glossar

Amma	Mama, Mutter
Baba	Papa, Vater
Baje	Opa, Großvater (gesprochen: *Bad-sche*)
Bodhisattva	im Buddhismus die Bezeichnung für heilige Menschen
Chang	stark alkoholisches Getränk, in Nepal beliebt
Chappatis	ungesäuertes Fladenbrot
Dal	Linsengericht, wichtiges Grundnahrungsmittel in Nepal
Utish-Baum	im Himalaya bekannter, hochwachsener Baum; gehört zur Gattung der Erlen

Der aus Boppard am Rhein stammende **Martin Kämpchen** machte vor 50 Jahren Indien zu seiner zweiten Heimat. Er lebt im westbengalischen Santiniketan, dem einstigen Wohnort des großen Dichters Rabindranath Tagore. Bekannt wurde er als Übersetzer von Tagores Werken aus dem Bengalischen ins Deutsche, außerdem widmet er sich als Buchautor dem Dialog zwischen den Religionen und Kulturen sowie Themen der Lebenskunst. In zwei Stammesdörfern in der Nähe von Santiniketan engagiert er sich seit vielen Jahren für eine ganzheitliche Entwicklung. Seine Liebe gilt dem Himalaya, den er auf zahlreichen Touren in Indien und Nepal bereist und erwandert hat.

Sanyasi Lohar stammt aus einem armen indischen Stammesdorf und erhielt die Möglichkeit, in Santiniketan Kunst zu studieren. Er engagiert sich mit Martin Kämpchen in sozialen Projekten und arbeitet als Künstler und Leiter einer privaten Schule.

www.verlag23.de